学《がっ》校《こう》が教《おし》えてくれない
戦《せん》争《そう》の真《しん》実《じつ》
日《に》本《ほん》は本《ほん》当《とう》に「悪《わる》い国《くに》」だったのか

丸《まる》谷《たに》元人《はじめ》

ハート出版

はじめに

みなさんは、戦争《せんそう》をどのようなものだと考《かんが》えていますか？　戦争《せんそう》では、みなさんが住《す》んでいる町《まち》が破壊《はかい》され、家族《かぞく》や友人《ゆうじん》が殺《ころ》され、みなさんの住《す》む家《いえ》が焼《や》かれてしまうこともあります。

今《いま》この瞬間《しゅんかん》も、世界《せかい》のいくつかの国《くに》では悲惨《ひさん》な（悲しく、いたましい）戦争《せんそう》が行《おこな》われています。

世《よ》の中《なか》のほとんどの人《ひと》は、戦争《せんそう》をしたいとは思《おも》っていないのに、なぜ戦争《せんそう》は起《お》きてしまうのでしょうか？

戦争《せんそう》が良《よ》くないことであるのは当然《とうぜん》ですが、その一方《いっぽう》で、人類《じんるい》の歴史《れきし》が戦争《せんそう》の歴史《れきし》であったことも、また事実《じじつ》です。つまり、平和《へいわ》を望《のぞ》むのであれば、まずは戦争《せんそう》のことを、きっちりと知《し》らなければなりません。

昭和《しょうわ》一六（一九四一）年《ねん》一二月八日《がつようか》、日本《にほん》はアメリカとイギリスに対《たい》して宣戦布告《せんせんふこく》（これから戦争を始めるという正式な連絡）をし、「大東亜戦争《だいとうあせんそう》」という大《おお》きな戦争《せんそう》を開始《かいし》しました。そして、その三年《ねん》八カ月後《げつご》の昭和《しょうわ》二〇（一九四五）年《ねん》八月《がつ》一五日《にち》に「ポツダム宣言《せんげん》」を受諾《じゅだく》する（受け入れる）ことで敗北《はいぼく》しました。その後《ご》、アメリカによる占領期間《せんりょうきかん》を経《へ》て、多《おお》くの日本人《にほんじん》は「この戦争《せんそう》で日本《にほん》が多《おお》くの犯罪《はんざい》を犯《おか》し、アジア諸国《しょこく》に迷惑《めいわく》をかけた」と教《おし》えられるようになり、戦争《せんそう》の呼《よ》び名《な》も「大東亜《だいとうあ》戦争《せんそう》」から「太平洋戦争《たいへいようせんそう》」へと言《い》い換《か》えるように指導《しどう》されてきました。

それを日本人《にほんじん》に教《おし》え込《こ》んだのはアメリカ占領軍《せんりょうぐん》（ＧＨＱ）ですが、戦後《せんご》の日本人《にほんじん》は、その指導《しどう》を無批判《むひはん》に（ものごとの悪い点を指摘することなく）受《う》け入《い》れ、その結果《けっか》として今日《こんにち》、私《わたし》たちと先祖《せんぞ》をつなぐ、大切《たいせつ》な精神性《せいしんせい》（心のありよう）までもが蝕《むしば》まれつつ（ダメになりつつ）あります。

しかし私《わたし》たちは、もうそろそろ、かつての私《わたし》たちの父《ちち》や祖父《そふ》、曾祖父《そうそふ》たちが何《なに》を考《かんが》えてあの大東亜戦争《だいとうあせんそう》を開始《かいし》し、そこで斃《たお》れていったのかを真剣《しんけん》に知《し》ろうとする必要《ひつよう》があります。

日本《にほん》がアジアに軍《ぐん》を進《すす》めたのは、単《たん》に、威張《いば》りくさっていた当時《とうじ》の日本人《にほんじん》が、アジア人《じん》をいじめ、アジアを支配《しはい》するために行《おこな》ったものではなく、また、アメリカが日本《にほん》の都市《とし》を無差別《むさべつ》に空襲《くうしゅう》し、広島《ひろしま》と長崎《ながさき》に原爆《げんばく》を落《お》として婦女子《ふじょし》（女性や子供）を含《ふく》む数《すう》十万人《まんにん》の日本人《にほんじん》を焼《や》き殺《ころ》したのも、そんな「悪《わる》い」日本《にほん》の侵略《しんりゃく》（他の国へせめていって、その土地をうばい取ること）を止《と》めるために、仕方《しかた》なくやったのではない、ということです。

大東亜戦争《だいとうあせんそう》では、もちろん日本《にほん》も、多《おお》くの過《あやま》ち（まちがい）を犯《おか》したのは事実《じじつ》ですし、それらはきちんと認《みと》めて、反省《はんせい》すべき（反省しなくてはならない）ことは反省《はんせい》しなければなりません。しかしそれでも、今日《こんにち》でもアメリカが二発《はつ》の原爆投下《げんばくとうか》を「正《ただ》しかった」と言《い》い張《は》り、日本《にほん》の戦争《せんそう》はすべて悪《あく》であったかのように言《い》われると、「冗談《じょうだん》ではない」と言《い》いたくなりますし、実際《じっさい》に多《おお》くの外国人《がいこくじん》に対《たい》して、私自身《わたしじしん》もそんな主張《しゅちょう》をしてきました。こんなことを言《い》うと、最初《さいしょ》は多《おお》くの人《ひと》が、こちらを奇妙《きみょう》な目《め》で見《み》つめ、反論《はんろん》してくるのですが、しかしできるだけ冷静《れいせい》に、また、順《じゅん》を追《お》って（順番に）話《はなし》をすると、やがて彼《かれ》らも、日本《にほん》の「立場《たちば》」とか「正義《せいぎ》」というものを、徐々《じょじょ》に理解《りかい》してくれるようになります。

本書《ほんしょ》は、中学生《ちゅうがくせい》から幼稚園児《ようちえんじ》までの、四人《にん》の子供《こども》を持《も》つ一人《ひとり》の親《おや》として、これからの日本《にほん》を支《ささ》え、また、世界《せかい》の平和《へいわ》と発展《はってん》のために働《はたら》こうと考《かんが》える、夢多《ゆめおお》き若者《わかもの》に向《む》けて書《か》いたものであり、決《けっ》して「日本《にほん》が一〇〇パーセント正《ただ》しい」とするための本《ほん》ではありません。

一人《ひとり》でも多《おお》くの若者《わかもの》や子供《こども》たちがこの本《ほん》を読《よ》み、今日《こんにち》の自分《じぶん》は先人《せんじん》（むかしの人）たちの努力《どりょく》と犠牲《ぎせい》（人のために、自分の命や大切なものを投げ出すこと）の上《うえ》に成《な》り立《た》っているという厳然《げんぜん》たる（おごそかで、おもおもしい）事実《じじつ》や、かつての日本《にほん》が世界《せかい》にどんな影響《えいきょう》を与《あた》えたのか、ということを知《し》り、その上《うえ》で、この素晴《すば》らしい日本《にほん》という国《くに》をしっかりと守《まも》りながら、諸外国《しょがいこく》の人々《ひとびと》と本物《ほんもの》の友好関係《ゆうこうかんけい》を結《むす》ぼうと思《おも》ってくれるのであれば、こんなに嬉《うれ》しいことはありません。

もくじ

はじめに　1

第一章《だいいっしょう》　なぜ日本《にほん》は戦争《せんそう》を始《はじ》めたのか　11

「イジメ」と「ケンカ」と「挑発《ちょうはつ》」

世界《せかい》を奴隷化《どれいか》していた白人諸国《はくじんしょこく》

生《い》きるか死《し》ぬかの選択《せんたく》

アメリカの策略《さくりゃく》に気《き》づかなかった日本《にほん》

「東京裁判《とうきょうさいばん》」＝いじめっ子《こ》たちの「リンチ」

事後法《じごほう》まで適用《てきよう》して日本《にほん》を断罪《だんざい》

東京裁判《とうきょうさいばん》に対《たい》する弁護人《べんごにん》たちの指摘《してき》

東京裁判唯一《とうきょうさいばんゆいいつ》の国際法専門家《こくさいほうせんもんか》・パール判事《はんじ》

インド独立《どくりつ》の英雄《えいゆう》チャンドラ・ボース

パール判事《はんじ》の影響《えいきょう》を受《う》けたレーリンク判事《はんじ》

第《だい》二章《しょう》 なぜアジアの人々《ひとびと》ではなく、西欧《せいおう》の国々《くにぐに》と戦《たたか》ったのか

現代《げんだい》の「ものさし」で過去《かこ》のことは計《はか》れない

欧米植民地主義《おうべいしょくみんちしゅぎ》の凄《すさ》まじい実態《じったい》

大東亜戦争《だいとうあせんそう》は「アジア解放《かいほう》の戦《たたか》い」だった

日本《にほん》の勝利《しょうり》に驚喜《きょうき》したアジアの人々《ひとびと》
日本《にほん》のために祈《いの》ってくれたイスラム圏《けん》の人々《ひとびと》
大《だい》の親日国《しんにちこく》・パプアニューギニア
東南《とうなん》アジアやインドの親日《しんにち》
インドネシア独立《どくりつ》のために戦《たたか》った元日本兵《もとにほんへい》たち

第《だい》三章《しょう》

日本《にほん》は本当《ほんとう》に「悪《わる》いこと」をしたのか

日本人《にほんじん》にも過《あやま》ちはあった
戦争《せんそう》プロパガンダとは何《なに》か
日本《にほん》の戦争《せんそう》プロパガンダは精神論《せいしんろん》？
戦後日本人《せんごにほんじん》の意識《いしき》を変《か》えたＧＨＱの強力《きょうりょく》な洗脳工作《せんのうこうさく》

第《だい》四章《しょう》　日本《にほん》による戦争犯罪《せんそうはんざい》の真実《しんじつ》

日本《にほん》の歴史教科書《れきしきょうかしょ》が教《おし》える「南京大虐殺《ナンキンだいぎゃくさつ》」
荒唐無稽《こうとうむけい》な虐殺話《ぎゃくさつばなし》
従軍慰安婦問題《じゅうぐんいあんふもんだい》の真実《しんじつ》
年収数千万円《ねんしゅうすうせんまんえん》を得《え》ていた「奴隷《どれい》」？
日本軍《にほんぐん》による捕虜虐待《ほりょぎゃくたい》の真実《しんじつ》
日本軍《にほんぐん》による人肉食《じんにくしょく》の真実《しんじつ》
日本《にほん》「だけ」が悪《わる》いことをしたのか
凄《すさ》まじかった連合国軍《れんごうこくぐん》の捕虜虐待《ほりょぎゃくたい》

第《だい》五章《しょう》　靖国《やすくに》と戦犯《せんぱん》と同志《どうし》たち　130
靖国神社《やすくにじんじゃ》の何《なに》が問題《もんだい》なのか
今《いま》でも邪魔者《じゃまもの》扱《あつか》いされるA級戦犯《きゅうせんぱん》
罪人《ざいにん》を永久《えいきゅう》に許《ゆる》さない思想《しそう》
遺骨収容《いこつしゅうよう》はなぜ大切《たいせつ》なのか
日本《にほん》のために戦《たたか》ってくれた仲間《なかま》たちを忘《わす》れない
忠実《ちゅうじつ》で精強《せいきょう》だった台湾《たいわん》・高砂義勇隊《たかさごぎゆうたい》

第《だい》六章《しょう》　物事《ものごと》の本質《ほんしつ》を見抜《みぬ》き、しっかりと主張《しゅちょう》する　149
正《ただ》しく主張《しゅちょう》することの大切《たいせつ》さ

今《いま》も戦争《せんそう》プロパガンダに振《ふ》り回《まわ》される人々《ひとびと》
巧妙《こうみょう》に置《お》かれた日本《にほん》とアジアを分断《ぶんだん》するための布石《ふせき》
おわりに　160

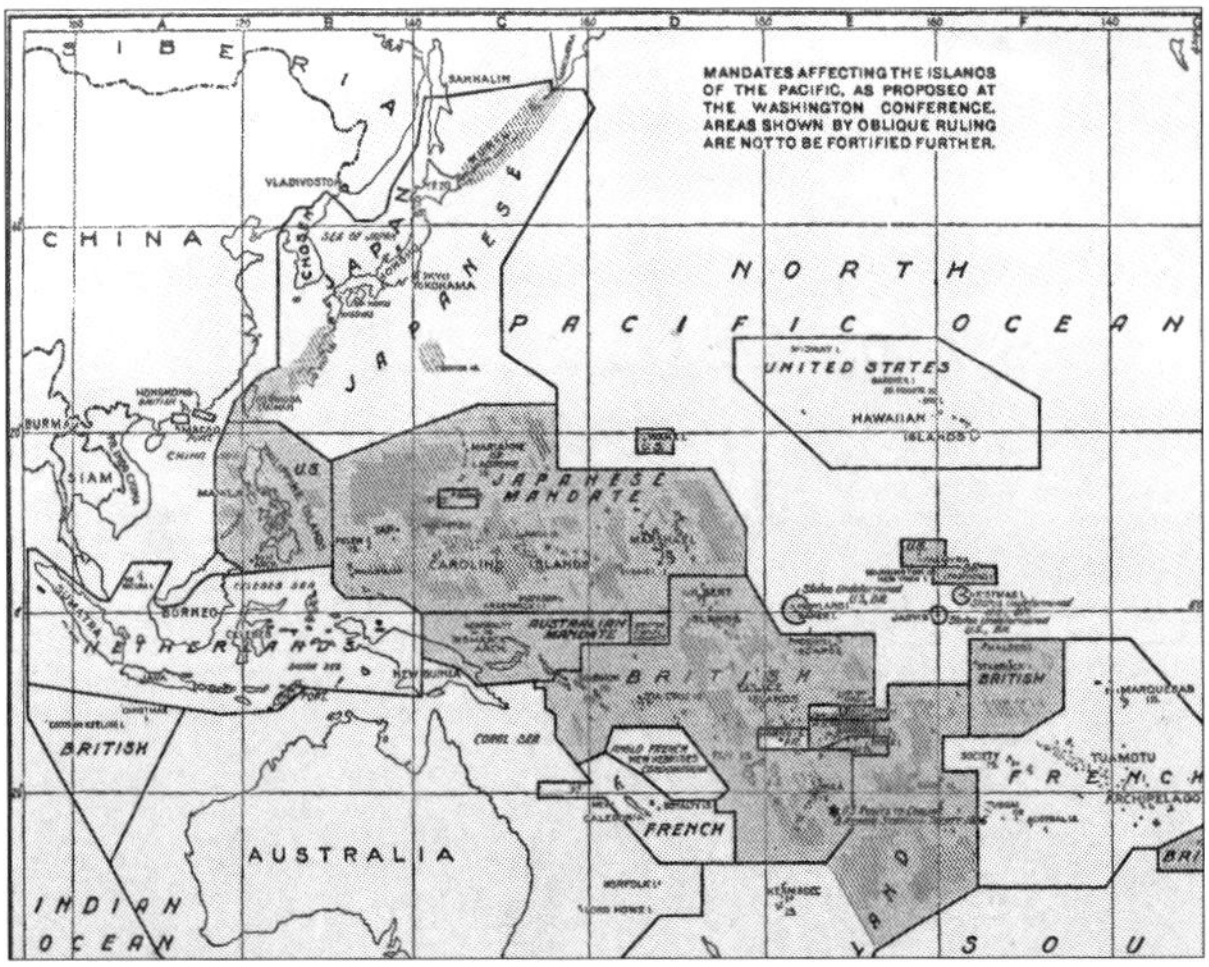

第一章《だいしょう》　なぜ日本《にほん》は戦争《せんそう》を始《はじ》めたのか

日本《にほん》は、絹産業以外《きぬさんぎょういがい》には、国有《こくゆう》の産物《さんぶつ》はほとんど何《なに》も無《な》いのです。彼《かれ》らは綿《めん》が無《な》い、羊毛《ようもう》が無《な》い、石油《せきゆ》の産物《さんぶつ》が無《な》い、錫《すず》が無《な》い、ゴムが無《な》い。その他《た》、実《じつ》に多《おお》くの原料《げんりょう》が欠如《けつじょ》していたのです。もし、これらの原料《げんりょう》の供給《きょうきゅう》が断《た》ち切《き》られたら、一千万《せんまん》から一千《せん》二百万《ひゃくまん》の失業者《しつぎょうしゃ》が発生《はっせい》するであろうことを彼《かれ》らは恐《おそ》れていました。したがって、彼《かれ》らが戦争《せんそう》に飛《と》び込《こ》んでいった動機《どうき》は、大部分《だいぶぶん》が安全保障《あんぜんほしょう》に迫《せま》られてのことだったのです。

——ダグラス・マッカーサー将軍《しょうぐん》（一九五一年《ねん》五月三日《がつみっか》　米国議会上院《べいこくぎかいじょういん》の軍事外交合同委員会《ぐんじがいこうごうどういいんかい》での発言《はつげん》）

「イジメ」と「ケンカ」と「挑発《ちょうはつ》」

当《あ》たり前《まえ》の話《はなし》ですが、人間《にんげん》どうしのケンカは、一人《ひとり》でできるものではありません。必《かなら》ず相手《あいて》が必要《ひつよう》です。もちろん、一人《ひとり》の人間《にんげん》が別《べつ》の人《ひと》に向《む》かってケンカを仕掛《しか》ける場合《ばあい》があります。しかし、もしその相手《あいて》が抵抗《ていこう》（さからうこと）をせず、一方的《いっぽうてき》に殴《なぐ》られていれば、それはケンカではなく「イジメ」ということになりますね。逆《ぎゃく》に、その相手《あいて》が殴《なぐ》りかかってくる人間《にんげん》に対《たい》して、同《おな》じように殴《なぐ》りかかれば、これは「ケンカ」となります。

一方《いっぽう》、何《なに》もしていない相手《あいて》にケンカを仕掛《しか》けるため、相手《あいて》を「挑発《ちょうはつ》（わざと相手に、そうさせること）」するという方法《ほうほう》もあります。これは「イジメ」と似《に》ていますが、イジメの場合《ばあい》は、相手《あいて》からの反撃《はんげき》を予期《よき》していませんが、「挑発《ちょうはつ》」は、わざと相手《あいて》を怒《おこ》らせ、反撃《はんげき》させるための行為《こうい》です。つまり、物理的《ぶつりてき》な（実際の）暴力《ぼうりょく》は伴《ともな》わなくても、徹底的《てっていてき》に相手《あいて》を怒《おこ》らせるように仕向《しむ》けるのです。その結果《けっか》、我慢《がまん》が限界《げんかい》を超《こ》えた相手《あいて》が立《た》ち上《あ》がり、いじめっ子《こ》（あるいは挑発者《ちょうはつしゃ》）をぶん殴《なぐ》ってしまえば、その瞬間《しゅんかん》から「イジメ」や「挑発《ちょうはつ》」は、「ケンカ（＝戦争《せんそう》）」という状態《じょうたい》になります。

つまり、同《おな》じ「ケンカ」とは言《い》っても、その時々《ときどき》の場合《ばあい》によって、その性質《せいしつ》はまったく異《こと》なるものなのですが、ではイジメや挑発《ちょうはつ》に我慢《がまん》し続《つづ》けた結果《けっか》、これ以上《いじょう》は耐《た》えられない、生《い》きていけないと考え、毅然《きぜん》（意思が強く落ち着いている様子）として立《た》ち上《あ》がり、戦《たたか》うことを決《き》めた人《ひと》は「悪者《わるもの》」なのでしょうか？　これは、自存自衛《じそんじえい》（自分の力で自分を守ること）のためのケンカではないのでしょうか？

この関係《かんけい》は、個人《こじん》だけではなく、国《くに》どうしでも行《おこな》われることがあるのです。日本《にほん》が「大東亜《だいとうあ》戦争《せんそう》」と呼《よ》ばれる大《おお》きな戦《たたか》いに突入《とつにゅう》していったのも、こういった「イジメ」あるいは「挑発行為《ちょうはつこうい》」を受《う》けたからですが、このあたりを、まず、私《わたし》たちはしっかりと理解《りかい》しなくてはなりません。

世界《せかい》を奴隷化《どれいか》していた白人諸国《はくじんしょこく》

大東亜《だいとうあ》戦争《せんそう》までの世界《せかい》は、「強《つよ》い者《もの》が正《ただ》しい」という「弱肉強食《じゃくにくきょうしょく》」の時代《じだい》でした。強《つよ》い者《もの》が弱《よわ》い者《もの》を押《お》さえ込《こ》み、奴隷化《どれいか》（奴隷〔人間としての権利や自由を認められず、労働を目的に売り買いされる人たち〕のように）し、その土地《とち》にある資源《しげん》を収奪《しゅうだつ》（うばい取ること）して、富《とみ》（ねうちのあるお金や物や土地）を、すべて自国《じこく》（自分の国）に持《も》ち帰《かえ》るということが、当《あ》たり前《まえ》とされていたのです。

このことは一方《いっぽう》で、自分《じぶん》も周辺《しゅうへん》にある弱小国《じゃくしょうこく》（弱い国）を支配《しはい》して領土《りょうど》や力《ちから》を拡張《かくちょう》（広げて大きくすること）しなければ、いつかは自分《じぶん》もやられてしまうということでもありました。

明治維新《めいじいしん》（一八六七年に徳川幕府が政権を天皇に返して明治政府ができ、政治のやり方が大きく変わったこと）後《ご》の日本政府《にほんせいふ》は、そんな世界《せかい》の実情《じつじょう》（本当のありさま）を見《み》た結果《けっか》、日本《にほん》も一日《にち》も早《はや》く国《くに》を経済的《けいざいてき》に豊《ゆた》かにし、強《つよ》い軍隊《ぐんたい》を作《つく》って、独立《どくりつ》を維持《いじ》しなければならない、と考《かんが》えるようになります。そこで導入《どうにゅう》されたのが「富国強兵《ふこくきょうへい》（明治政府が、国の力を強くするために、産業の育成と軍備の強化をはかったこと）」という政策《せいさく》（政治をしていく上での、目的や方法）でした。

日清戦争当時の風刺画。魚（朝鮮）を釣ろうとする日本と清を、橋の上からロシアが狙っている。

当時《とうじ》、日本《にほん》の周《まわ》りの国々《くにぐに》、特《とく》に中国本土《ちゅうごくほんど》や朝鮮半島《ちょうせんはんとう》は、常《つね》に不安定《ふあんてい》な状態《じょうたい》にありました。一方《いっぽう》、そのさらに北方《ほっぽう》からは、世界最大《せかいさいだい》の陸軍国《りくぐんこく》であるロシアが、暖《あたた》かい地方《ちほう》へ進出《しんしゅつ》するために、南方《なんぽう》に進出《しんしゅつ》しようとしていました。しかし、中国《ちゅうごく》や朝鮮《ちょうせん》半島《はんとう》の政府《せいふ》は、このロシアに対《たい》して、まったく抵抗力《ていこうりょく》がありませんでした。

当時《とうじ》の中国《ちゅうごく》を支配《しはい》していたのは、清帝国《しんていこく》（一六四四年から一九一二年まで中国とモンゴルを支配した王朝）であり、朝鮮王朝《ちょうせんおうちょう》はその清《しん》帝国《ていこく》の言《い》いなりでしたが、両方《りょうほう》とも非常《ひじょう》に武力《ぶりょく》（軍隊の力）が弱《よわ》く、また、政権《せいけん》（国の政治を行う人たち）も腐敗《ふはい》（くさること。きちんとしたことが、できなくなること）していました。

日本《にほん》はそこで、当時《とうじ》、欧米諸国《おうべいしょこく》が当《あ》たり前《まえ》のように行《おこな》っていた解決策《かいけつさく》を、自《みずか》ら（自分たち）も使《つか》うことにします。つまり、外交交渉《がいこうこうしょう》（外国との話し合い）と、武力《ぶりょく》での威圧《いあつ》（おどして押さえつけること）です。

とにかく、一日《にち》も早《はや》く朝鮮半島《ちょうせんはんとう》に安定《あんてい》した政権基盤《せいけんきばん》（政治の基礎となるもの）を作《つく》り、そこに日本軍《にほんぐん》を入《い》れて満州《まんしゅう》（中国の東北部にあった地域）近《ちか》くの防衛《ぼうえい》（守り）を固《かた》めなければ、ロシアが一気《いっき》に南下《なんか》して、脆弱《ぜいじゃく》な（弱い）清帝国《しんていこく》や朝鮮半島《ちょうせんはんとう》に侵入《しんにゅう》し、日本《にほん》は対馬海峡《つしまかいきょう》でロシアと対峙《たいじ》する（向き合う）ことになるからです。

その結果《けっか》、日本《にほん》は日清戦争《にっしんせんそう》を経《へ》て朝鮮半島《ちょうせんはんとう》に進出《しんしゅつ》し、その後《ご》は日露戦争《にちろせんそう》で奇跡的《きせきてき》に、あの大国《たいこく》ロシアを打《う》ち破《やぶ》って朝鮮半島《ちょうせんはんとう》における日本《にほん》の優位《ゆうい》（立場が、すぐれていること）と自国《じこく》の安全《あんぜん》を確保《かくほ》（しっかり手に入れること）し、それと共《とも》に、満州《まんしゅう》での権益《けんえき》（権利と利益）確保《かくほ》に動《うご》き出《だ》したのです。つまり朝鮮半島《ちょうせんはんとう》と満州《まんしゅう》は、日本《にほん》にとっての「生命線《せいめいせん》（生きぬくために絶対に守らなければならない場所）」となったのです。

しかし、日本《にほん》による中国大陸進出《ちゅうごくたいりくしんしゅつ》を快《こころよ》く思《おも》わなかったのは、アメリカでした。当時《とうじ》、アメリカは新興国家《しんこうこっか》（新しくできた国）であったため、自国《じこく》の産品《さんぴん》を売《う》りつけ、また資源《しげん》を奪取《だっしゅ》できる植民地《しょくみんち》（ある国の海外移住者によって政治経済的に支配された地域）を持《も》っていませんでした。そのころ力《ちから》を弱《よわ》めていたスペインを、米西戦争《べいせいせんそう》で打《う》ち破《やぶ》って、キューバを始《はじ》めとするカリブ海諸国《かいしょこく》や、フィリピン、グアムなどを割譲《かつじょう》（土地の一部を分けあたえること）させたに過《す》ぎません。そんなアメリカにとって、中国大陸《ちゅうごくたいりく》は、喉《のど》から手《て》が出《で》るほどに欲《ほ》しい地域《ちいき》だったのです。

この頃《ころ》、日本《にほん》に駐在《ちゅうざい》していたポルトガル人外交官《じんがいこうかん》のモラエスは、こう言《い》いました。

「日米両国《にちべいりょうこく》は近《ちか》い将来《しょうらい》、恐《おそ》るべき競争相手《きょうそうあいて》となり対決《たいけつ》するはずだ。広大《こうだい》な中国大陸《ちゅうごくたいりく》は貿易拡大《ぼうえきかくだい》を狙《ねら》うアメリカが切実《せつじつ》に（どうしても）欲《ほ》しがる地域《ちいき》であり、同様《どうよう》に日本《にほん》にとっても、この地域《ちいき》は国《くに》の発展《はってん》になくてはならないものになっている。この地域《ちいき》で日米《にちべい》が並《なら》び立《た》つことはできず、一方《いっぽう》が他方《たほう》から暴力的手段《ぼうりょくてきしゅだん》によって殲滅《せんめつ》（すべて残らずほろぼすこと）させられるかもしれない」

この予想《よそう》がいかに的《まと》を射《い》た（要点をとらえた）ものであったのかは、後年《こうねん》に起《お》こる大東亜戦争《だいとうあせんそう》を見《み》れば明《あき》らかですが、実《じつ》はアメリカは、日露戦争《にちろせんそう》の直後《ちょくご》に「オレンジ計画《けいかく》」という対日戦争計画《たいにちせんそうけいかく》を作《つく》り上《あ》げ、日本《にほん》を完全《かんぜん》にターゲットとしていたのです。つまり、日米《にちべい》の対立《たいりつ》は、このあたりから徐々《じょじょ》に本格化《ほんかくか》し始《はじ》めたのだとも言《い》えます。

中国大陸《ちゅうごくたいりく》において拡大《かくだい》する日本《にほん》に対《たい》し、アメリカは常《つね》に中国《ちゅうごく》に対《たい》して「同情的《どうじょうてき》」でありましたが、それは、中国《ちゅうごく》を支援《しえん》することでその地域《ちいき》の権益《けんえき》を握《にぎ》りたかったからに過《す》ぎません。

やがて日本《にほん》と中国《ちゅうごく》が「盧溝橋事件《ろこうきょうじけん》」（盧溝橋の付近で演習をしていた日本軍が付近から発砲を受けた事件）をきっかけに衝突《しょうとつ》すると、アメリカはイギリスなどと共《とも》に、中国軍《ちゅうごくぐん》（当時《とうじ》は蒋介石《しょうかいせき》の国民党軍《こくみんとうぐん》）に対《たい》して、大量《たいりょう》の武器弾薬《ぶきだんやく》と資金《しきん》の援助《えんじょ》を行《おこな》います。この武器《ぶき》

蒋介石

輸送《ゆそう》ルートを「援蒋《えんしょう》ルート」と言《い》います。

相手《あいて》が中国《ちゅうごく》だけであるなら日本《にほん》は勝《か》てたでしょうが、大量《たいりょう》の武器《ぶき》弾薬《だんやく》支援《しえん》のせいで、なかなか事態《じたい》を進展《しんてん》させることができなくなってしまい、日本《にほん》はその国力《こくりょく》をどんどんと疲弊《ひへい》（つかれて弱ること）させます。そこで日本《にほん》は、フランス領《りょう》インドシナ（現在《げんざい》のベトナム、カンボジアなど）を通《とお》って来《く》るこの援蒋《えんしょう》ルートを止《と》めることを考《かんが》えました。ここさえ押《お》さえてしまえば、国民党軍《こくみんとうぐん》は一気《いっき》にその戦力《せんりょく》を失《うしな》うからです。

当時《とうじ》、インドシナを支配《しはい》していたフランスの本国《ほんごく》では、ナチスドイツの侵攻《しんこう》によって政権《せいけん》が代《か》わっていました。新《あたら》しく樹立《じゅりつ》された親独《しんどく》（ドイツと仲の良い）のビシー政権《せいけん》は、日本《にほん》の要求《ようきゅう》を事実上《じじつじょう》、受《う》け入《い》れて、日本軍《にほんぐん》はインドシナに進駐《しんちゅう》（他国の領土に軍を進めそこにとどまること）し、そこから援蒋《えんしょう》ルートに対《たい》する攻撃《こうげき》を行《おこな》います。

しかし、これは日本《にほん》と戦《たたか》う中国《ちゅうごく》を支援《しえん》していたアメリカにとっては、許《ゆる》しがたいことでもありました。その結果《けっか》、アメリカやイギリス、オランダなどは、日本《にほん》に対《たい》する石油《せきゆ》などの「戦略《せんりゃく》物資《ぶっし》」の輸出《ゆしゅつ》を停止《ていし》、また、日本《にほん》が自国内《じこくない》に持《も》つ資産《しさん》を凍結《とうけつ》（それを使えないようにすること）しました。これが有名《ゆうめい》な「ＡＢＣＤ包囲網《ほういもう》」です。（Ａはアメリカ、Ｂはイギリス、Ｃは中国、Ｄはオランダの、それぞれ頭文字）

資源《しげん》の少《すく》ない日本《にほん》は、この「ＡＢＣＤ包囲網《ほういもう》」で急速《きゅうそく》に経済的《けいざいてき》に追《お》い込《こ》まれていくようになります。この頃《ころ》、東條内閣《とうじょうないかく》は、もし昭和《しょうわ》一七（一九四二）年《ねん》四月《がつ》までに資源輸入再開《しげんゆにゅうさいかい》のメドがつかなければ、日本国内《にほんこくない》には一〇〇〇万人《まんにん》から一二〇〇万人《まんにん》の失業者《しつぎょうしゃ》が出《で》るという、絶望的《ぜつぼうてき》な試算《しさん》を出《だ》しています。日本《にほん》からしてみれば、これは完全《かんぜん》に「イジメ」であり「挑発《ちょうはつ》」でした。

生《い》きるか死《し》ぬかの選択《せんたく》

アメリカを始《はじ》めとする欧米諸国《おうべいしょこく》が、ここまで日本《にほん》に強硬《きょうこう》な姿勢《しせい》をとった理由《りゆう》の中《なか》には、中国《ちゅうごく》やアジアでの利権確保《りけんかくほ》以外《いがい》にも、日本人《にほんじん》に対《たい》する人種的《じんしゅてき》な優越感《ゆうえつかん》（自分たちのほうが、すぐれていると思う心）もありました。

つまり、有色人種《ゆうしょくじんしゅ》（白人以外の人種）の黄色《きいろ》い猿《さる》（イエローモンキー）に過《す》ぎない日本人《にほんじん》が、欧米《おうべい》諸国《しょこく》と肩《かた》を並《なら》べること自体《じたい》が、許《ゆる》しがたい国際社会《こくさいしゃかい》への挑戦《ちょうせん》だと感《かん》じていたのです。

しかしアメリカには、さらに別《べつ》の、もっと重要《じゅうよう》な事情《じじょう》がありました。当時《とうじ》、すでに欧州《おうしゅう》（ヨーロッパ）では第《だい》二次《じ》世界大戦《せかいたいせん》が始《はじ》まっていて、ルーズベルト大統領《だいとうりょう》は、何《なん》とかしてアメリカを第《だい》二次《じ》大戦《たいせん》に参加《さんか》させたいと願《ねが》っていたのです。なぜなら、大東亜戦争《だいとうあせんそう》が始《はじ》まる前《まえ》のアメリカ経済《けいざい》は、一九二九年《ねん》の大恐慌《だいきょうこう》以来《いらい》、ずっと停滞《ていたい》（なかなか良くならないこと）しており、それを一気《いっき》に回復《かいふく》するための特効薬《とっこうやく》は、石油《せきゆ》などの各種資源《かくしゅしげん》や食料《しょくりょう》を大量《たいりょう》に消費《しょうひ》する「戦争《せんそう》」しかなかったからです。

これを「ウォー・エコノミー（戦争経済《せんそうけいざい》）」と言《い》いますが、欧米《おうべい》では昔《むかし》から「戦争《せんそう》は最大《さいだい》の公共投資《こうきょうとうし》（利益を出すために、国などがお金を出して事業をすること）」とも言《い》われ、最《もっと》も巨額《きょがく》の富《とみ》を得《え》られるチャンスなのです。

しかし当時《とうじ》のアメリカ国民《こくみん》の大半《たいはん》は、そんな欧州《おうしゅう》の戦争《せんそう》に巻《ま》き込《こ》まれるのはイヤだと感《かん》じていました。そして、ルーズベルトも大統領選挙《だいとうりょうせんきょ》の際《さい》、アメリカ国民《こくみん》に対《たい》して、「相手《あいて》から攻撃《こうげき》

フランクリン・ルーズベルト

を加《くわ》えられた場合《ばあい》を除《のぞ》いて、海外《かいがい》での戦争《せんそう》には参加《さんか》しない」という公約《こうやく》（人々に対する約束）を掲《かか》げていましたから、自分《じぶん》から日本《にほん》を攻撃《こうげき》することもできません。

そこで彼《かれ》は、様々《さまざま》な謀略《ぼうりゃく》（相手を、おとしいれる、はかりごと）を用《もち》いて日本《にほん》を挑発《ちょうはつ》し、日本《にほん》に第《だい》一発目《いっぱつめ》を撃《う》たせようと画策《かくさく》（良くない計画を立てること）したのです。

実際《じっさい》、スティムソン陸軍長官《りくぐんちょうかん》は、日米開戦数週間前《にちべいかいせんすうしゅうかんまえ》の日記《にっき》に、「当面《とうめん》の問題《もんだい》は、われわれがあまり大《おお》きな危険《きけん》にさらされることなしに、いかにして日本側《にほんがわ》に最初《さいしょ》の攻撃《こうげき》の火蓋《ひぶた》を切《き》らせる（戦いを始めさせる）ような立場《たちば》に彼《かれ》らを追《お》い込《こ》むか、ということであった」と記《しる》しています。

そしてついに、アメリカから「ハル・ノート」という事実上《じじつじょう》の宣戦布告《せんせんふこく》を突《つ》きつけられます。それは、フランス領《りょう》インドシナだけでなく、日本《にほん》がこれまで努力《どりょく》して手《て》に入《い》れてきた中国大陸《ちゅうごくたいりく》から全面的《ぜんめんてき》に兵隊《へいたい》を引《ひ》きあげろ、という非常《ひじょう》に厳《きび》しい内容《ないよう》でした。つまり、「全面降伏《ぜんめんこうふく》（すべてにおいて服従すること）か戦争《せんそう》か」を、アメリカが日本《にほん》に迫《せま》ってきたのです。これがアメリカによる「挑発行為《ちょうはつこうい》」の最終《さいしゅう》仕上《しあ》げでした。

当時《とうじ》、日米開戦《にちべいかいせん》をなんとかして回避《かいひ》（そうならないように、さけること）したいと願《ねが》っていた東郷茂徳外相《とうごうしげのりがいしょう》でさえ、この文書《ぶんしょ》を読《よ》んだ時《とき》は、目《め》まいがしそうなほどの失望感《しつぼうかん》（がっかりする気持ち）に打《う》ちのめされ、「長年《ながねん》における日本《にほん》の犠牲《ぎせい》を全然無視《ぜんぜんむし》し、極東《きょくとう》（ヨーロッパから見て最も東にある地域という意味）における大国《たいこく》の地位《ちい》を捨《す》てよ（捨てろ）、と。これは国家的《こっかてき》な自殺《じさつ》に等《ひと》しい。もはや立《た》ち上《あ》がるほかない」という感想《かんそう》を述《の》べています。

真珠湾攻撃の様子

そして日本《にほん》は昭和《しょうわ》一六年《ねん》一二月八日《がつようか》、ハワイ真珠湾《しんじゅわん》を奇襲《きしゅう》（敵をふいにおそうこと）して、あの大東亜戦争《だいとうあせんそう》が始《はじ》まったのでした。

そしてその結果《けっか》、日本《にほん》の国土《こくど》は二発《はつ》の原爆《げんばく》を含《ふく》む無差別《むさべつ》空襲《くうしゅう》で焼《や》き払《はら》われ、二六〇万人《まんにん》もの人々《ひとびと》が命《いのち》を落《お》とす（死ぬ）ことになりました。

アメリカの策略《さくりゃく》に気《き》づかなかった日本《にほん》

これまでの説明《せつめい》で、日本《にほん》がどのような環境《かんきょう》の中《なか》で欧米諸国《おうべいしょこく》などにいじめられ、挑発行為《ちょうはつこうい》を受《う》けた結果《けっか》、あの戦争《せんそう》に向《む》かっていかざるを得《え》なくなったのかが判《わか》っていただけたと思《おも》います。つまり日本《にほん》の戦争《せんそう》の動機《どうき》（ものごとを起こす、きっかけ）は、追《お》い詰《つ》められ、生《い》きるか死《し》ぬかの選択《せんたく》を迫《せま》られた日本《にほん》が行《おこな》った、自存自衛《じそんじえい》のための戦争《せんそう》だったのです。

ＡＢＣＤ包囲網《ほういもう》から始《はじ》まる日本《にほん》への挑発《ちょうはつ》については、戦時中《せんじちゅう》にラバウル（パプアニューギニアの都市）で捕虜《ほりょ》（戦争などで敵につかまった人）となったアメリカ人戦闘機《じんせんとうき》パイロットと、当地《とうち》の日本軍司令官《にほんぐんしれいかん》（おそらく今村均《いまむらひとし》将軍《しょうぐん》）との会話《かいわ》があります。「日本人《にほんじん》に対《たい》して個人的《こじんてき》には反感《はんかん》（いやがったり、きらったりする気持ち）は持《も》っていないが、日本《にほん》の武力主義《ぶりょくしゅぎ》（軍隊などの力で、ものごとを解決しようとする考え方）や、フィリピンや中国《ちゅうごく》での日本軍《にほんぐん》の振《ふ》る舞《ま》いには同意《どうい》できない」と言《い》うアメリカ人捕虜《じんほりょ》に向《む》かって、その司令官《しれいかん》はこう言《い》いました。

今村均

「昔《むかし》、あるところに、年《とし》をとったやさしい婦人《ふじん》がいた。五人《にん》の商人《しょうにん》と取《と》り引《ひ》きをしていたが、お金《かね》の支払《しはら》いを遅《おく》らせたこともなかった。そのうちに五人《にん》の商人《しょうにん》たちは、おたがいに話《はなし》を合《あ》わせて、品物《しなもの》の値段《ねだん》を吊《つ》り上《あ》げ始《はじ》めた。品物《しなもの》の値段《ねだん》は、とても高《たか》くなって、彼女《かのじょ》は生《い》きていけなくなった……」

この例《たと》え話《ばなし》を聞《き》いた捕虜《ほりょ》は、この司令官《しれいかん》に敬意《けいい》（尊敬して、うやまう気持ち）を抱《いだ》き、「何《なに》ごとにも『二《ふた》つの面《めん》』があるものだと考《かんが》え込《こ》んだ」と述《の》べています。（グレゴリー・ボイントン著『海兵隊撃墜王空戦記』光人社）

もちろん、日本《にほん》には一切《いっさい》の非《ひ》がなく（まったく悪いところがなく）、悪《わる》いのは一〇〇パーセント欧米諸国《おうべいしょこく》だと言《い》っているのではありません。しかし、あの戦争《せんそう》については、なんとか日本《にほん》を戦争《せんそう》に追《お》い込《こ》もうとする、アメリカの巧妙《こうみょう》な（じょうずな）策謀《さくぼう》（たくらみ、はかりごと）があったのは事実《じじつ》です。

つまり私《わたし》たち日本人《にほんじん》が反省《はんせい》し、教訓《きょうくん》（教えさとす言葉。いましめ）とすべき（しなくてはならない）過《あやま》ちには、そういった相手側《あいてがわ》の意図《いと》（考え）や策謀《さくぼう》に気《き》づかなかった、あるいは、それに対《たい》するしっかりとした準備《じゅんび》ができていなかった、ということも含《ふく》まれるべきなのです。

「東京裁判《とうきょうさいばん》」＝いじめっ子《こ》たちの「リンチ」

大東亜戦争《だいとうあせんそう》によって負《ま》けた日本《にほん》は、アメリカを始《はじ》めとする戦勝国《せんしょうこく》が開催《かいさい》した「極東国際軍事《きょくとうこくさいぐんじ》裁判《さいばん》（以下《いか》、東京裁判《とうきょうさいばん》）」で裁《さば》かれることになり、東條英機《とうじょうひでき》元首相《もとしゅしょう》を始《はじ》めとする多《おお》くの日本《にほん》の指導者《しどうしゃ》たちが「戦争犯罪人《せんそうはんざいにん》（戦犯《せんぱん》）」として逮捕《たいほ》されましたが、それはまさしく「いじめっ子《こ》たちによるリンチ（法律による手続きをせず、勝手な理由によって相手を暴力でこらしめること）」でした。なぜなら、検察官《けんさつかん》（罪を犯した人を裁判所にうったえる人）どころか、裁判長《さいばんちょう》や判事《はんじ》（裁判官）たちもまた、すべて日本《にほん》と戦《たたか》って勝《か》った国《くに》の人々《ひとびと》であり、中《なか》には、過去《かこ》に日本《にほん》の戦争犯罪《せんそうはんざい》を告発《こくはつ》（悪事を明らかにして人々に知らせること）する仕事《しごと》をしていた人《ひと》たちも混《ま》じっていたからです。

しかも一一人《にん》の判事《はんじ》の中《なか》には、法廷《ほうてい》の公用語《こうようご》（公式に使う言語）である英語《えいご》を

東條英機

理解《りかい》しなかった人《ひと》（ソ連代表《れんだいひょう》やフランス代表《だいひょう》）や、裁判官《さいばんかん》になったことすらない人《ひと》（中華民国代表《ちゅうかみんこくだいひょう》）が混《ま》じっていました。

戦後《せんご》、進駐軍《しんちゅうぐん》の一員《いちいん》として日本《にほん》にやって来《き》たアメリカ人社会学者《じんしゃかいがくしゃ》のヘレン・ミアーズ女史《じょし》は、「東京裁判《とうきょうさいばん》は正義《せいぎ》ではなく、明《あき》らかにリンチだ。私《わたし》たちアメリカが、どうして日本《にほん》を罰《ばっ》することができるのか？」と言《い》っています。

東京裁判の判事席

過去《かこ》の人類《じんるい》の歴史《れきし》には、魔女裁判《まじょさいばん》や人民裁判《じんみんさいばん》と言《い》われるものがありました。魔女裁判《まじょさいばん》あるいは人民裁判《じんみんさいばん》とは、その人《ひと》を罪《つみ》に陥《おとし》れて刑罰《けいばつ》を与《あた》えたいばかりに、きちんと定《さだ》められた法律《ほうりつ》に従《したが》わず、集団《しゅうだん》の感情的《かんじょうてき》な理由《りゆう》などによって行《おこな》われる、「吊《つる》し上《あ》げ（たくさんの人が少数の人を、はげしく責めたり非難したりすること）」のことです。そんな過去《かこ》の「吊《つる》し上《あ》げ」によって、多《おお》くの罪《つみ》のない人々《ひとびと》が殺《ころ》されたことへの強《つよ》い反省《はんせい》から、近代《きんだい》になって「罪刑法定主義《ざいけいほうていしゅぎ》」と「法《ほう》の不遡及《ふそきゅう》（あるいは事後法《じごほう》の禁止《きんし》）」という法律《ほうりつ》の原則《げんそく》（どれにもあてはまる決まり）が出《で》てくるようになりました。

「罪刑法定主義《ざいけいほうていしゅぎ》」とは、すべての罪《つみ》とそれに対《たい》する刑罰《けいばつ》は、すべて法律《ほうりつ》によって定《さだ》められていなければならないという、法律《ほうりつ》の大原則《だいげんそく》です。

つまり、殺人《さつじん》をすれば懲役《ちょうえき》（刑務所で罪をつぐなうこと）何年《なんねん》、傷害事件《しょうがいじけん》を起《お》こせば懲役《ちょうえき》または罰金《ばっきん》がいくら、という「罪《つみ》と罰《ばつ》の規定《きてい》（決まり）」がないものについては、何《なに》をしても罰《ばっ》せられないということなのです。

一《ひと》つの例《れい》を挙《あ》げましょう。あるところにAさんという人《ひと》がいました。そしてそのAさんの「ある行為《こうい》」によって、Bさんが非常《ひじょう》に苦《くる》しんだとします。しかし、その「ある行為《こうい》」が、法律《ほうりつ》によって「何《なん》の罪《つみ》である」と明確《めいかく》に定《さだ》められ、その罪《つみ》に対《たい》しては懲役何年《ちょうえきなんねん》、あるいは罰金《ばっきん》いくら、という刑罰《けいばつ》が定《さだ》められていなければ、Aさんは法律上《ほうりつじょう》の罪《つみ》には一切問《いっさいと》われないのです。

事後法《じごほう》まで適用《てきよう》して日本《にほん》を断罪《だんざい》

これ以外《いがい》にも、近代法《きんだいほう》には「事後法《じごほう》の禁止《きんし》」という概念《がいねん》（考え方）があります。これはつまり、事件《じけん》を起《お》こした時《とき》に法律《ほうりつ》によって違法《いほう》（法律に、そむいていること）だとされていなかった行為《こうい》については、あとでそれが違法《いほう》になったからといって、「過去《かこ》にさかのぼって」処罰《しょばつ》（罰すること）されることはない、ということです。つまり、「後出《あとだ》しジャンケン」は、いけませんよ、ということですね。

例《たと》えば、今《いま》、私《わたし》たちはTV《テレビ》ゲームをすることが許《ゆる》されていますが、もし将来《しょうらい》、ゲーム自体《じたい》が法律《ほうりつ》によって禁止《きんし》になり、例《たと》えば「ゲームをしたものは懲役《ちょうえき》一年《ねん》の刑《けい》に処《しょ》す」という法律《ほうりつ》ができた場合《ばあい》、「過去《かこ》に」ゲームをした人《ひと》たちも全員逮捕《ぜんいんたいほ》される、ということはないわけです。その法律《ほうりつ》が二〇二〇年《ねん》一月一日《がっついたち》に施行《しこう》されたとしても、二〇一九年《ねん》一二月《がつ》三一日午後《にちごご》一一時《じ》五九分《ふん》までゲームをしていた人《ひと》たちは、裁《さば》かれることはないのです。

近代法《きんだいほう》のこれらの概念《がいねん》とは、そのくらいに厳《きび》しく規定《きてい》されているのですが、しかしそんな近代法《きんだいほう》を発明《はつめい》し、先進国《せんしんこく》の証《あかし》（たしかな証拠）としてそれを自国《じこく》で実践《じっせん》していたはずの欧米諸国《おうべいしょこく》は、東京裁判《とうきょうさいばん》においてはそれらの原則《げんそく》を無視《むし》し、「平和《へいわ》に対《たい》する罪《つみ》」などという、「それまで存在《そんざい》しなかった罪《つみ》」を、終戦直前《しゅうせんちょくぜん》の昭和《しょうわ》二〇年《ねん》八月八日《がつようか》に新《あたら》しく作《つく》り上《あ》げ（ロンドン会議《かいぎ》）、それで東條英機《とうじょうひでき》や広田弘毅《ひろたこうき》ら首相経験者《しゅしょうけいけんしゃ》のほか、南京攻略作戦《ナンキンこうりゃくさくせん》の際《さい》の司令官《しれいかん》であった松井石根将軍《まついいわねしょうぐん》や、板垣征四郎《いたがきせいしろう》、荒木貞夫《あらきさだお》といった人《ひと》たち、合計《ごうけい》二八人《にん》をA級戦犯《きゅうせんぱん》として裁《さば》き、うち七人《にん》を死刑《しけい》にしたのです。

東京裁判の被告席

　これはつまり、欧米諸国《おうべいしょこく》が、自《みずか》らの「不法性《ふほうせい》（法律に、そむいていること）」を証明《しょうめい》したということにもなるはずです。これ一《ひと》つとって見《み》るだけで、どれだけ東京裁判《とうきょうさいばん》というものが「茶番劇《ちゃばんげき》（ばかげたこと）」、あるいは「いじめっ子《こ》たちのリンチ」に過《す》ぎなかったのかがよく判《わか》ります。

　しかし私《わたし》たち日本人《にほんじん》は、戦後長《せんごなが》いあいだ、こんな東京裁判《とうきょうさいばん》の結果《けっか》を受《う》け入《い》れ、あの戦争《せんそう》に対《たい》する罪悪感《ざいあくかん》を心《こころ》に刻《きざ》みつけられてきたのです。

東京裁判《とうきょうさいばん》に対《たい》する弁護人《べんごにん》たちの指摘《してき》

しかし、このリンチ裁判《さいばん》については、日米《にちべい》の弁護人《べんごにん》たちが大《おお》いに反論《はんろん》します。ファーネス弁護人《べんごにん》は、「戦勝国《せんしょうこく》の判事《はんじ》だけによる裁判《さいばん》は公正《こうせい》ではない」という、当然《とうぜん》のことを指摘《してき》しましたし、「日本人《にほんじん》はアジア諸国《しょこく》などに対《たい》して人種的《じんしゅてき》な優越感《ゆうえつかん》を持《も》っていた」と指摘《してき》した検察側《けんさつがわ》に対《たい》しては、清瀬一郎《きよせいちろう》弁護人《べんごにん》が、「『日本人《にほんじん》は、東《ひがし》アジアの人々《ひとびと》と共《とも》に欧米人《おうべいじん》と対等《たいとう》な地位《ちい》に進《すす》まなければならない』ということは、国民《こくみん》みんなが持《も》っていた願《ねが》いでした」と主張《しゅちょう》し、孫文《そんぶん》（中国の政治家。中華民国の初代臨時大統領）や、インドを始《はじ》めとするアジア各国《かっこく》の指導者《しどうしゃ》たちが日本《にほん》の思想《しそう》（ものの見かた、考えかた）に共鳴《きょうめい》（賛成）した事実《じじつ》をあげ、「わが国《くに》には、ドイツのような人種的《じんしゅてき》な優越感情《ゆうえつかんじょう》はありません」という意味《いみ》のことを述《の》べています。これもまったくの事実《じじつ》です。

そして、戦前《せんぜん》の日本《にほん》が掲《かか》げた「八紘一宇《はっこういちう》（世界をひとつの家にする、という考え方）」の精神《せいしん》は、「世界同胞主義《せかいどうほうしゅぎ》（世界の人々は皆、兄弟であるという考え方）」あるいは「ユニバーサル・ブラザーフッド（すべての人間は、兄弟のように愛し合わなくてはならないという考え方）」と英語《えいご》に訳《やく》されていたこと、そして日本《にほん》が提唱《ていしょう》した「大東亜共栄圏《だいとうあきょうえいけん》」は、あくまで人種《じんしゅ》を超《こ》えた「共存共栄《きょうぞんきょうえい》（共に生き共にさかえること）」のためであったという事実《じじつ》をあげ、「日本《にほん》がドイツやイタリアと組《く》んで全世界《ぜんせかい》を支配《しはい》しようとした」などという検察《けんさつ》の主張《しゅちょう》について、「そんなことがあるわけがない」とも反論《はんろん》しています。

また、日本側《にほんがわ》のもう一人《ひとり》の弁護人《べんごにん》であるブレイクニー弁護人《べんごにん》は、「戦争《せんそう》は犯罪《はんざい》ではなく、合法《ごうほう》である（法律に違反していない）」と主張《しゅちょう》していますが、その理由《りゆう》は、「もし戦争《せんそう》が違法《いほう》であるのなら、なぜ戦争《せんそう》の開始《かいし》、通告《つうこく》（知らせること）、戦闘《せんとう》の方法《ほうほう》、終結《しゅうけつ》（終わり）を決《き》める〝ルール〟を取《と》り決《き》めた戦争法規《せんそうほうき》（戦争にかんする法律と規則）が存在《そんざい》するのか」ということでした。

確《たし》かに、そもそも校庭《こうてい》でボールを蹴《け》って遊《あそ》ぶことが禁止《きんし》されている学校《がっこう》で、サッカーのルールを新《あたら》しく作《つく》ろうとするのは、おかしな話《はなし》であり、論理的《ろんりてき》にも（りくつのうえでも）間違《まちが》っていますね。

東京裁判《とうきょうさいばん》唯一《ゆいいつ》の国際法専門家《こくさいほうせんもんか》・パール判事《はんじ》

このリンチ裁判《さいばん》を批判《ひはん》（ものごとの悪い点について、意見を言うこと）したのは、弁護人《べんごにん》たちだけではありません。実際《じっさい》にその裁判《さいばん》に参加《さんか》した各国《かっこく》の判事《はんじ》の中《なか》からも、裁判《さいばん》そのものに疑問《ぎもん》を感《かん》じ、批判《ひはん》をする人《ひと》がいました。最《もっと》も有名《ゆうめい》なのは、インド出身《しゅっしん》のラダ・ビノード・パール判事《はんじ》です。彼《かれ》は東京裁判《とうきょうさいばん》の判事団《はんじだん》の中《なか》で、唯一《ゆいいつ》の国際法《こくさいほう》（国と国の関係を取り決める法律）の専門家《せんもんか》であり、法律家《ほうりつか》としての「格《かく》（レベル）」が違《ちが》いました。本来《ほんらい》ならば、パール判事《はんじ》のような人《ひと》が裁判長《さいばんちょう》となるべきでしたが、しかしそこには、有色人種《ゆうしょくじんしゅ》のインド人《じん》という、人種問題《じんしゅもんだい》が横《よこ》たわっていたのは明《あき》らかです。

この東京裁判《とうきょうさいばん》では、日本人戦犯《にほんじんせんぱん》たちに対《たい》して判事《はんじ》たちの全員一致《ぜんいんいっち》による有罪判決《ゆうざいはんけつ》を行《おこな》おうとする強《つよ》い動《うご》きがありましたが、パール判事《はんじ》だけは、そ

パール判事

れに同調《どうちょう》する（ほかの人たちと同じ考えをする）ことはありませんでした。彼《かれ》は、日本《にほん》を裁《さば》こうとする東京裁判《とうきょうさいばん》の手続《てつづ》き自体《じたい》が国際法《こくさいほう》に反《はん》する（違反する）として、被告人《ひこくにん》（裁判で、うったえられた人）全員《ぜんいん》の「無罪《むざい》」を主張《しゅちょう》した「意見書《いけんしょ》」を提出《ていしゅつ》したのです。

東京裁判《とうきょうさいばん》の判事団《はんじだん》における唯一《ゆいいつ》の国際法専門家《こくさいほうせんもんか》としてだけではなく、一人《ひとり》の法律家《ほうりつか》、一人《ひとり》の人間《にんげん》として、パール判事《はんじ》は、こんな「リンチ裁判《さいばん》」に怒《おこ》ったのでしょう。

ではなぜ、戦勝国《せんしょうこく》の代表《だいひょう》の一人《ひとり》として東京裁判《とうきょうさいばん》に参加《さんか》したパール判事《はんじ》は、そこまでして、この裁判《さいばん》そのものを批判《ひはん》したのでしょうか？　これについては、同《おな》じ判事《はんじ》として東京裁判《とうきょうさいばん》に参加《さんか》したオランダ人《じん》のベルト・レーリンクが「彼《かれ》は、骨《ほね》の髄《ずい》まで（徹底的に）アジア人《じん》であった」として、以下《いか》のように説明《せつめい》しています。

「パールは植民地支配《しょくみんちしはい》に心底《しんそこ》、憤慨《ふんがい》（非常に腹を立てること）していました。彼《かれ》は、ヨーロッパがアジアで行《おこな》ったこと、二〇〇年前《ねんまえ》にアジアを征服《せいふく》し、それからずっとそこを支配《しはい》し、君臨《くんりん》（大きな力を持って上に立つこと）し続《つづ》けたことに、強《つよ》いこだわりを持《も》っていました。それが彼《かれ》の態度《たいど》でした。したがって、アジアをヨーロッパから解放《かいほう》（ときはなして自由にすること）するための日本《にほん》の戦争《せんそう》、そして〝アジア人《じん》のためのアジア〟というスローガン（世の中に言いたいことなどを短い文句で表したもの。標語）は、パールの琴線《きんせん》に触《ふ》れる（感動・共鳴させる）ものがあったのです」（B・V・Aレーリンク／A・カッセーゼ著『レーリンク判事の東京裁判』新曜社）

つまりパール判事《はんじ》は、欧米《おうべい》の植民地主義《しょくみんちしゅぎ》に対《たい》する強《つよ》い怒《いか》りを持《も》っていたわけですが、事実《じじつ》、パール判事《はんじ》は、原爆《げんばく》は人種偏見《じんしゅへんけん》（人種による、かたよった考え）に基《もと》づく実験《じっけん》であったとし、「この惨劇《さんげき》（むごたらしいできごと）については、いまだ彼《かれ》ら（原爆《げんばく》を落《お》としたアメリカ人《じん》たち）の口《くち》から懺悔《ざんげ》（自分の罪を後悔して打ちあけ、ゆるしを願うこと）の言葉《ことば》を聞《き》いていない。彼《かれ》らの手《て》は、まだ清《きよ》められていない。こんな状態《じょうたい》で、どうして彼《かれ》らと平和《へいわ》を語《かた》ることができるのか」として、アメリカを始《はじ》めとする欧米諸国《おうべいしょこく》を強烈《きょうれつ》に非難《ひなん》（欠点や過ちを責めること）しています。つまりこれは、同《おな》じ白人《はくじん》のドイツには原爆《げんばく》は落《お》とさないが、有色人種《ゆうしょくじんしゅ》の日本人《にほんじん》だから落《お》としたのだろう、という指摘《してき》です。

私《わたし》は、まさにその通《とお》りだと思《おも》うのですが、こんなパール判事《はんじ》に対《たい》し「中立的《ちゅうりつてき》（どちらにも、かたよらないこと）ではなかった」として批判《ひはん》する〝日本人《にほんじん》の〟学者《がくしゃ》もいます。例《たと》えば、「パール判事《はんじ》の背景《はいけい》には『西洋《せいよう》の帝国主義《ていこくしゅぎ》（植民地を拡大して、海外への発展をはかろうとする考え方）に対《たい》する強烈《きょうれつ》な敵意《てきい》に基《もと》づいた』日本《にほん》への共鳴《きょうめい》があった」という批判《ひはん》です。

しかし、このような見方《みかた》は、あまりに「公平《こうへい》さ」を欠《か》いて（うしなって）います。なぜなら、「いじめっ子《こ》たち（戦勝国《せんしょうこく》）」が開催《かいさい》したこの東京裁判《とうきょうさいばん》では、日本《にほん》を裁《さば》く判事《はんじ》たちは皆《みな》、いじめっ子《こ》たち自身《じしん》であり、何《なに》が何《なん》でも日本人《にほんじん》の戦犯《せんぱん》たち全員《ぜんいん》を有罪《ゆうざい》にしようと最初《さいしょ》から計画《けいかく》していたからです。そんな欧米諸国《おうべいしょこく》の姿《すがた》は「中立的《ちゅうりつてき》」だと言《い》えるのでしょうか？

また、パール判事《はんじ》が持《も》っていたという「西洋《せいよう》の帝国主義《ていこくしゅぎ》に対《たい》する強烈《きょうれつ》な敵意《てきい》」と「日本《にほん》への共鳴《きょうめい》」は、果《は》たして〝悪《わる》いこと〟だと言《い》い切《き》れるのでしょうか？

インド独立《どくりつ》の英雄《えいゆう》チャンドラ・ボース

パール判事《はんじ》への、もう一《ひと》つの批判《ひはん》に、「チャンドラ・ボースと近《ちか》い関係《かんけい》にあった」というものがあります。このチャンドラ・ボースというのは、インドの独立運動家《どくりつうんどうか》であり、日本軍《にほんぐん》と一緒《いっしょ》になって、支配者《しはいしゃ》であるイギリスと戦《たたか》った「インド国民軍《こくみんぐん》」の最高司令官《さいこうしれいかん》です。

チャンドラ・ボース

ボースは、大英帝国《だいえいていこく》（イギリス）によるインド支配《しはい》に徹底的《てっていてき》に反抗《はんこう》した人《ひと》であり、イギリスの歴史家《れきしか》エリック・ホブズボームなどは、「インドの独立《どくりつ》は、ガンジーやネルーが率《ひき》いた（指揮した）国民会議派《こくみんかいぎは》が展開《てんかい》した非暴力《ひぼうりょく》の独立運動《どくりつうんどう》によるというよりも、日本軍《にほんぐん》とチャンドラ・ボースが率《ひき》いるインド国民軍《こくみんぐん》が協同《きょうどう》（多くの人が力を出しあってひとつの仕事をすること）して、ビルマを経由《けいゆ》し、インドへ進攻《しんこう》したインパール作戦《さくせん》によって、もたらされた（手に入れることができた）」としているくらい、インドの独立《どくりつ》に貢献《こうけん》（あることのために力をつくし、役に立つこと）した人物《じんぶつ》です。

残念《ざんねん》ながらボースは、終戦《しゅうせん》の日《ひ》である昭和《しょうわ》二〇年《ねん》八月《がつ》一五日《にち》に台湾《たいわん》の飛行場《ひこうじょう》で事故死《じこし》をしてしまいますが、今日《こんにち》では「インドの国民的英雄《こくみんてきえいゆう》」となっています。

私《わたし》も以前《いぜん》、インド人《じん》たちと一緒《いっしょ》に仕事《しごと》をしたことがあるのですが、彼《かれ》らの多《おお》くは、ボースのことを敬意《けいい》を込《こ》めて「ネタージ」と呼《よ》んでいました。「ネタージ」とは、ヒンドゥー語《ご》（インドの公用語）で「指導者《しどうしゃ》」という意味《いみ》です。

私《わたし》と仕事《しごと》をしていたインド人《じん》たちの中《なか》には、「ネタージは台湾《たいわん》の事故《じこ》で死《し》んだのではない。その後《ご》、別《べつ》の場所《ばしょ》で生《い》き続《つづ》けたのだ」と信《しん》じる人《ひと》までいました。実際《じっさい》、ボースの事故死《じこし》は日本軍《にほんぐん》がそう見《み》せかけただけで、ボースは戦後《せんご》も生《い》き続《つづ》けたのだ、という説《せつ》は、インド国内《こくない》では今日《こんにち》でも根強《ねづよ》く、それだけボースは人気《にんき》があるわけです。

そんなボースが抵抗《ていこう》し、パール判事《はんじ》が怒《いか》りを覚《おぼ》えていたというイギリスの植民地支配《しょくみんちしはい》は、実《じつ》に過酷《かこく》な（ひどすぎる）ものでした。例《たと》えば、かつてのインドでは、いくらイギリス人《じん》が現地《げんち》のインド人《じん》を殺《ころ》しても、「狐《きつね》と間違《まちが》えた」と言《い》えば、罪《つみ》にも問《と》われませんでした。

また、イギリスは自国《じこく》で作《つく》られた機械《きかい》織《お》りの綿製品《めんせいひん》をインドに売《う》りつけて儲《もう》けようとしたのですが、すでに手《て》織《お》りの良質《りょうしつ》な綿製品《めんせいひん》を作《つく》っていたインド人《じん》たちは、そんな低《ひく》い品質《ひんしつ》のイギリス製品《せいひん》を買《か》いませんでした。すると、イギリスは官憲《かんけん》（役人）を派遣《はけん》し、インドの手《て》織《お》りの職人《しょくにん》たちを集《あつ》めて、なんとその両手首《りょうてくび》をすべて切《き》り落《お》としてしまったのです。

さらに、イギリスの植民地支配《しょくみんちしはい》に対《たい》して発生《はっせい》した「セポイの乱《らん》」の際《さい》には、イギリスの新聞《しんぶん》『タイムズ』が、「キリスト教会《きょうかい》が一《ひと》つ破壊《はかい》されたら、一〇〇倍《ばい》のヒンドゥー寺院《じいん》をたたき壊《こわ》せ。白人《はくじん》が一人《ひとり》殺害《さつがい》されたら、一〇〇〇人《にん》のインド人《じん》を死刑《しけい》にせよ」というような記事《きじ》を書《か》いたといいます。

その他《ほか》、白人《はくじん》に対《たい》しては、必《かなら》ず「マスター（ご主人《しゅじん》さま）」という敬称《けいしょう》（人を、うやまう呼び方）を付《つ》けさせることも強制《きょうせい》（むりに押しつけること）されていました。そんな習慣《しゅうかん》は、かつてイギリスやオーストラリアが支配《しはい》した、南太平洋《みなみたいへいよう》のパプアニューギニアでも、今《いま》なお習慣《しゅうかん》として残《のこ》っています。

私《わたし》は、このパプアニューギニアでも、現地《げんち》の人《ひと》たちと一緒《いっしょ》に仕事《しごと》をしていたことがあるのですが、真《ま》っ黒《くろ》い肌《はだ》をした地元《じもと》の人《ひと》たちより肌《はだ》が白《しろ》い私《わたし》なども、最初《さいしょ》は何度《なんど》も、現地人《げんちじん》から「マスター」と呼《よ》ばれました。そのたびに私《わたし》が、「僕《ぼく》は君《きみ》たちのマスター（ご主人《しゅじん》さま）じゃなくて、フレンド（友《とも》だち）だよ。そろそろ、そういう言《い》い方《かた》をやめにしないか。君《きみ》たちの国《くに》はもう、立派《りっぱ》な独立国《どくりつこく》なんだから」と言《い》うと、相手《あいて》は最初《さいしょ》、不思議《ふしぎ》そうな顔《かお》をしましたが、やがて、とても嬉《うれ》しそうな顔《かお》をしたものです。

こんな過酷《かこく》な植民地支配《しょくみんちしはい》をやっていたイギリスに対《たい》しては、先《さき》ほどのチャンドラ・ボースやパール判事《はんじ》だけでなく、多《おお》くのインド人《じん》が憤《いきどお》り（腹を立て）、独立《どくりつ》を願《ねが》うのは当然《とうぜん》のことです。そして、日本《にほん》がこうした欧米《おうべい》による植民地支配《しょくみんちしはい》に抵抗《ていこう》しなければ、戦後《せんご》になってインドが独立《どくりつ》することもなかったであろうことは、多《おお》くの歴史家《れきしか》が認《みと》めるところです。

つまり、数百年《すうひゃくねん》におよぶ搾取《さくしゅ》（一部の人が自分ばかりもうけること）と弾圧《だんあつ》（力で押さえつけること）の中《なか》で苦《くる》しんできた当時《とうじ》のインド人《じん》たちが、そんな日本《にほん》に対《たい》して人間的《にんげんてき》な好感《こうかん》（好きだという気持ち）を持《も》つのは自然《しぜん》のことですが、それをもってパール判事《はんじ》を「中立《ちゅうりつ》ではない」とし、他《た》のいじめっ子《こ》たちに言及《げんきゅう》（話の中でそのことがらにふれること）しない態度《たいど》こそ、中立《ちゅうりつ》ではないと私《わたし》は思《おも》います。

戦後《せんご》の日本人《にほんじん》の学者《がくしゃ》の中《なか》には、自分《じぶん》だけが強《つよ》い戦勝国《せんしょうこく》の側《がわ》に立《た》ち、欧米《おうべい》の罪《つみ》は一切《いっさい》とがめず（欠点や、まちがいを責めず）、日本《にほん》だけを責《せ》め、日本《にほん》に対《たい》して親《した》しみを持《も》つ国々《くにぐに》の思《おも》いを無視《むし》する、という人《ひと》が非常《ひじょう》に多《おお》くて困《こま》ります。

パール判事《はんじ》の影響《えいきょう》を受《う》けたレーリンク判事《はんじ》

話《はなし》を東京裁判《とうきょうさいばん》に戻《もど》しましょう。この「リンチ裁判《さいばん》」そのものを批判《ひはん》し、日本人《にほんじん》の被告全員《ひこくぜんいん》を無罪《むざい》だとしたインド出身《しゅっしん》のパール判事《はんじ》の意見《いけん》は、残念《ざんねん》ながら東京裁判《とうきょうさいばん》の結果《けっか》に反映《はんえい》されることはありませんでした。しかしその考《かんが》え方《かた》そのものは、別《べつ》の欧米人《おうべいじん》判事《はんじ》にも影響《えいきょう》を与《あた》えました。その一人《ひとり》が、オランダ出身《しゅっしん》のレーリンク判事《はんじ》です。

レーリンク判事《はんじ》は、国際法《こくさいほう》の専門家《せんもんか》ではなかったのですが、パール判事《はんじ》の堂々《どうどう》たる考《かんが》えに徐々《じょじょ》に影響《えいきょう》され、ある時《とき》には、以下《いか》のような感想《かんそう》を漏《も》らしています。

「我々《われわれ》は日本《にほん》にいる間《あいだ》、東京《とうきょう》や横浜《よこはま》を始《はじ》めとする都市《とし》に対《たい》する爆撃《ばくげき》によって、市民《しみん》を大量《たいりょう》に焼《や》き殺《ころ》したことが、頭《あたま》から離《はな》れなかった。我々《われわれ》は戦争法規《せんそうほうき》を擁護《ようご》（かばい、守ること）するために裁判《さいばん》をしているはずだったのに、連合国《れんごうこく》（日本と戦争をしていたアメリカやイギリスなどの国々）が戦争法規《せんそうほうき》を徹底的《てっていてき》に踏《ふ》みにじった（たいせつなことを無視したり傷つけたりする）ことを、毎日《まいにち》見《み》せつけられていたのだから、それは酷《ひど》いものだった。もちろん、勝者《しょうしゃ》（勝った者）と敗者《はいしゃ》（負けた者）を一緒《いっしょ》に裁《さば》くことは不可能《ふかのう》だった。東條《とうじょう》（元首相《もとしゅしょう》）が『東京裁判《とうきょうさいばん》は勝者《しょうしゃ》による復讐劇《ふくしゅうげき》だ』と言《い》ったのは、まさに正《ただ》しかった」

しかし、こんな良心的《りょうしんてき》な（良いことをしようとする態度）判事《はんじ》らの意見《いけん》にもかかわらず、最終的《さいしゅうてき》には、連合国《れんごうこく》によって「A級戦犯《きゅうせんぱん》」とされた七人《にん》の元指導者《もとしどうしゃ》たちが、絞首刑《こうしゅけい》（首をしめて殺す死刑）となってしまいました。そして戦後《せんご》の日本人《にほんじん》は、こんな「茶番劇《ちゃばんげき》」とも言《い》うべき「いじめっ子《こ》のリンチ」によって、自分《じぶん》たちが一番悪《いちばんわる》かったのだと思《おも》い込《こ》まされてきたのです。

第二章《だいにしょう》　なぜアジアの人々《ひとびと》ではなく、西欧《せいおう》の国々《くにぐに》と戦《たたか》ったのか

日本《にほん》はどんな悪《わる》いことをしたと言《い》うのか。大東亜戦争《だいとうあせんそう》で、マレー半島《はんとう》を南下《なんか》した時《とき》の日本軍《にほんぐん》は凄《すご》かった。わずか三カ月《げつ》でシンガポールを陥落《かんらく》させ、我々《われわれ》にはとてもかなわないと思《おも》っていたイギリスを屈服《くっぷく》させたのだ。私《わたし》はまだ若《わか》かったが、あの時《とき》は神《かみ》の軍隊《ぐんたい》がやってきたと思《おも》っていた。日本《にほん》は敗《やぶ》れたが、英軍《えいぐん》は再《ふたた》び取《と》り返《かえ》すことができず、マレーシアは独立《どくりつ》したのだ。

——ガザリー・シャフィー元外務大臣《もとがいむだいじん》（マレーシア）

現代《げんだい》の「ものさし」で過去《かこ》のことは計《はか》れない

そもそもなぜ日本《にほん》は、太平洋《たいへいよう》のはるか向《む》こうにいたアメリカや、ユーラシア大陸《たいりく》の反対側《はんたいがわ》にあるイギリス、オランダなどと戦《たたか》ったのでしょうか？

本来《ほんらい》なら、日本《にほん》とアメリカ、イギリス、オランダなどの国々《くにぐに》は距離的《きょりてき》に遠《とお》すぎて、直接戦《ちょくせつたたか》うことなど、できないはずです。あの大東亜戦争《だいとうあせんそう》でアジアにしか進出《しんしゅつ》しなかった日本《にほん》は、なぜ一万《まん》キロ以上《いじょう》も離《はな》れた欧米諸国《おうべいしょこく》と、戦闘機《せんとうき》や軍艦《ぐんかん》、あるいは大砲《たいほう》や銃《じゅう》で戦《たたか》うことができたのでしょうか？

なぜ、日本《にほん》がフィリピンを空襲《くうしゅう》した時《とき》に立《た》ち向《む》かってきたのが、アメリカ軍《ぐん》の戦闘機《せんとうき》だったのでしょうか？　マレーシアに上陸《じょうりく》した日本軍《にほんぐん》と激《はげ》しい戦闘《せんとう》をしたのが、イギリス軍《ぐん》であった理由《りゆう》はなんでしょうか？　インドネシアで日本軍《にほんぐん》が戦《たたか》った相手《あいて》は、なぜ地元《じもと》のインドネシア軍《ぐん》ではなく、オランダ軍《ぐん》だったのでしょうか？　彼《かれ》らは、そこで何《なに》をしていたのでしょうか？

その理由《りゆう》は、欧米諸国《おうべいしょこく》による「植民地主義《しょくみんちしゅぎ》」です。本来《ほんらい》、アジア人《じん》のものであるはずのアジアは、すでに数百年《すうひゃくねん》も前《まえ》からイギリスやオランダを始《はじ》めとする欧米諸国《おうべいしょこく》が占領《せんりょう》し、現地人《げんちじん》を奴隷《どれい》のように扱《あつか》って、それらの地域《ちいき》で採《と》れる様々《さまざま》な資源《しげん》（食品《しょくひん》や石油《せきゆ》、鉱物資源《こうぶつしげん》など）を一方的《いっぽうてき》に収奪《しゅうだつ》していたのです。

今《いま》の時代《じだい》からは想像《そうぞう》できませんが、第一章《だいいっしょう》でも述《の》べた通《とお》り、七〇年前《ねんまえ》までの世界《せかい》は、強《つよ》い者《もの》が弱《よわ》い者《もの》から資源《しげん》を収奪《しゅうだつ》するという構図《こうず》が「当《あ》たり前《まえ》」のものとして、そして「合法的《ごうほうてき》」なものとして受《う》け入《い》れられていました。周辺《しゅうへん》あるいは遠隔地《えんかくち》（遠い土地）にある弱《よわ》くて豊《ゆた》かな国《くに》を占領《せんりょう》し、そこにある人々《ひとびと》を支配《しはい》して、その資源《しげん》を奪《うば》うことによって自国《じこく》を強《つよ》く維持《いじ》することが、「植民地主義《しょくみんちしゅぎ》」というものの根本《こんぽん》であり、それをしない国家《こっか》は、逆《ぎゃく》に他《た》の強国《きょうこく》によって侵略《しんりゃく》され、植民地《しょくみんち》とされてしまう危険《きけん》すらあったのです。

そんな時代《じだい》でしたから、日本《にほん》の歴代《れきだい》の（何代にもわたる）指導者《しどうしゃ》たちは、明治維新《めいじいしん》を経《へ》て近代化《きんだいか》（つまり欧米化《おうべいか》）を達成《たっせい》することによって、欧米列強《おうべいれっきょう》（当時のヨーロッパで強い力を持っていた国々）と一日《にち》も早《はや》く肩《かた》を並《なら》べ、まずは、植民地化《しょくみんちか》されないための道《みち》を歩《あゆ》むのに必死《ひっし》になったのです。

その結果《けっか》として日本人《にほんじん》は、まずは武士階級《ぶしかいきゅう》が刀《かたな》とチョンマゲを捨《す》て、和服《わふく》から洋服《ようふく》に着替《きが》え、草鞋《わらじ》から革靴《かわぐつ》に履《は》き替《か》え、元武士《もとぶし》から農民《のうみん》まで、いろいろな身分《みぶん》の人《ひと》が入《い》り交《ま》じった欧米式《おうべいしき》の近代的《きんだいてき》な軍隊《ぐんたい》を作《つく》ったうえで、不安定《ふあんてい》であった近隣《きんりん》の地域《ちいき》、つまり朝鮮《ちょうせん》（現在の韓国と北朝鮮）や台湾《たいわん》などを併合《へいごう》（ある国を、別の国の一部にすること）したのです。

そのような日本人《にほんじん》を見《み》た欧米人《おうべいじん》たちは、日本《にほん》を「猿真似《さるまね》の国《くに》」とバカにして笑《わら》いました。

「極東《きょくとう》の小《ちい》さな島国《しまぐに》に住《す》む、目《め》が細《ほそ》くて背《せ》の小《ちい》さい奴《やつ》らは、我々《われわれ》白人《はくじん》の高度《こうど》な文化《ぶんか》に憧《あこが》れ、英語《えいご》やフランス語《ご》もできないくせに、一生懸命《いっしょうけんめい》に『形《かたち》ばかり』真似《まね》をしているバカな奴《やつ》ら」と見下《みくだ》していたのです。

そんな欧米諸国《おうべいしょこく》は、自分《じぶん》たちが過去《かこ》数百年間《すうひゃくねんかん》、世界中《せかいじゅう》で行《おこな》ってきた徹底的《てっていてき》な搾取《さくしゅ》と弾圧《だんあつ》による植民地支配《しょくみんちしはい》のことは棚《たな》に上《あ》げ（つごうの悪いことを、そのままにしておくこと）、現地人《げんちじん》らに対《たい》して、できるだけの善政《ぜんせい》を敷《し》こう（よい政治をしよう）としていた日本《にほん》の行為《こうい》を厳《きび》しく非難《ひなん》しました。そして、「朝鮮《ちょうせん》や台湾《たいわん》を植民地《しょくみんち》化《か》し、彼《かれ》らを奴隷《どれい》として搾取《さくしゅ》していた戦前《せんぜん》の日本《にほん》が、『世界征服《せかいせいふく》』という妄想《もうそう》（実際にはありえないことを勝手に思いえがくこと）

を抱《いだ》き、太平洋《たいへいよう》とアジアを破壊《はかい》するために、いきなり攻撃《こうげき》を仕掛《しか》けてきた」というような、実《じつ》に低俗《ていぞく》で（下品で、いやしいこと）、短絡的《たんらくてき》で（深く考えずに原因と結果を結びつけて考えるさま）、単純《たんじゅん》なプロパガンダ（宣伝《せんでん》）を広《ひろ》めたのです。

このプロパガンダは、形《かたち》を変《か》えつつも、今日《こんにち》までなお、多《おお》くの欧米人《おうべいじん》の頭《あたま》の中《なか》にこびり付《つ》いていますが、それは、まったくのデタラメであり、言《い》いがかり（こじつけて、文句を言うこと）でしかありません。むしろ、そんな奴隷化《どれいか》と搾取《さくしゅ》をしていたのは、彼《かれ》ら自身《じしん》なのですが、多《おお》くの欧米人《おうべいじん》は、そのことをすっかり忘《わす》れているのです。

一九世紀《せいき》に韓国駐在《かんこくちゅうざい》のアメリカ代表《だいひょう》であったシル氏《し》は、一八九四年《ねん》七月《がつ》二九日《にち》に、こう発言《はつげん》しています。

「日本《にほん》は思《おも》いやりの態度《たいど》で韓国《かんこく》に接《せっ》していると思《おも》う。今度《こんど》こそ、韓国《かんこく》を中国《ちゅうごく》の束縛《そくばく》（自由にさせないこと）から解放《かいほう》しようとしているようだ。韓国《かんこく》の国民《こくみん》に平和《へいわ》と繁栄《はんえい》（さかえること）と文明開化《ぶんめいかいか》（文明が進み、世の中がひらけること）をもたらすことによって、力《ちから》の弱《よわ》い隣国《りんごく》（となりの国）を安定《あんてい》した独立国《どくりつこく》にしようと考《かんが》えている。こうした日本《にほん》の動機《どうき》は、韓国《かんこく》の知識層《ちしきそう》（知識や教養を持った人たち）である官僚《かんりょう》（役人）の多《おお》くが、歓迎《かんげい》（よろこんでむかえること）している」（ヘレン・ミアーズ著『アメリカの鏡・日本』）

この文章《ぶんしょう》を一《ひと》つ取《と》ってみても、当時《とうじ》の韓国人《かんこくじん》のインテリ（知識人《ちしきじん》）たちが、日本政府《にほんせいふ》の考《かんが》えに賛同《さんどう》し、共鳴《きょうめい》していたことが判《わか》ります。その一方《いっぽう》、欧米諸国《おうべいしょこく》がかつての植民地《しょくみんち》に対《たい》して、このような「安定《あんてい》した独立国《どくりつこく》」として導《みちび》こうとした例《れい》など、まったく見当《みあ》たりません。

また、大東亜戦争《だいとうあせんそう》の終了後《しゅうりょうご》に、ヘレン・ミアーズ女史《じょし》は、日本《にほん》の過去《かこ》の政策《せいさく》に関《かん》する様々《さまざま》な公式記録《こうしききろく》を読《よ》んだうえで、以下《いか》のように指摘《してき》しました。

「なぜ日本《にほん》が韓国国民《かんこくこくみん》を『奴隷《どれい》にした』として非難《ひなん》されるのか理解《りかい》できない。もし、奴隷《どれい》にしたのなら、イギリスは共犯《きょうはん》（いっしょに罪を犯すこと）であり、アメリカは少《すく》なくとも従犯《じゅうはん》（犯罪者を助けること）である。日本《にほん》の韓国《かんこく》での行動《こうどう》はすべて、イギリスの同盟国《どうめいこく》（同じ目的のために力を合わせる国）として『合法的《ごうほうてき》に』行《おこな》われたことだ。国際関係《こくさいかんけい》の原則《げんそく》にのっとり（基準にしたがい）、当時《とうじ》の最善《さいぜん》の（いちばん良いこと）行動基準《こうどうきじゅん》に従《したが》って行《おこな》われたことである。しかも、その原則《げんそく》は日本《にほん》が作《つく》ったものではない。欧米列強《おうべいれっきょう》、主《おも》にイギリスが作《つく》った原則《げんそく》なのだ」

心《こころ》ある（深い考えや思いやりがある）「フェア」な（公平で正しい）欧米人《おうべいじん》であれば、当時《とうじ》でもこのような考《かんが》え方《かた》をすることができたのですが、それが実際《じっさい》の国際関係《こくさいかんけい》となると、まったく話《はなし》は違《ちが》っていました。そこには「二重基準《にじゅうきじゅん》（ダブル・スタンダード）」と呼《よ》ばれる考《かんが》え方《かた》がありました。つまり、欧米人《おうべいじん》がやったら許《ゆる》されるのに、同《おな》じことを日本人《にほんじん》などの有色人種《ゆうしょくじんしゅ》が行《おこな》うと非難《ひなん》される、ということです。

これについては、国際連盟《こくさいれんめい》のトップを務《つと》め、世界的《せかいてき》なベストセラーとなった『武士道《ぶしどう》』を著《あらわ》した新渡戸稲造《にとべいなぞう》が、一九三二年《ねん》にアメリカにおける講演《こうえん》で、こう語《かた》っています。

「私《わたし》たちは、アメリカから多《おお》くのこと、特《とく》に、隣接《りんせつ》する（となりあっている）地域《ちいき》の不安定《ふあんてい》な政権《せいけん》にどう対処《たいしょ》するかを学《まな》んできた。しかし、学《まな》んだことを実行《じっこう》すると、先生《せんせい》から激《はげ》しく叱《しか》られるのである」

もちろん、朝鮮《ちょうせん》や台湾《たいわん》における統治《とうち》（国や人民をおさめること）が一〇〇パーセント良《よ》いことであったと言《い》うつもりはありません。当時《とうじ》、朝鮮《ちょうせん》や台湾《たいわん》の人々《ひとびと》に対《たい》して、上《うえ》から見下《みくだ》し、差別的《さべつてき》な態度《たいど》をとった心《こころ》ない（深い考えや思いやりがない）日本人《にほんじん》が多《おお》くいたのは確《たし》かです。そして、そんな心《こころ》ない一部《いちぶ》の日本人《にほんじん》に対《たい》して現地《げんち》の人《ひと》が、口《くち》には出《だ》せないものの、大《おお》きな不満《ふまん》を持《も》っていたということもあるでしょう。

しかし、日本政府《にほんせいふ》の「政策《せいさく》」としては、これらの地域《ちいき》に対《たい》して過酷《かこく》な搾取《さくしゅ》を行《おこな》い、その資源《しげん》を奪《うば》い去《さ》ったという事実《じじつ》はないのです。

欧米植民地主義《おうべいしょくみんちしゅぎ》の凄《すさ》まじい実態《じったい》

このように日本《にほん》を非難《ひなん》した欧米諸国《おうべいしょこく》は、数百年《すうひゃくねん》にわたって世界中《せかいじゅう》を植民地《しょくみんち》にしましたが、インドにおけるイギリスの例《れい》を見《み》るまでもなく、その支配《しはい》は実《じつ》に過酷《かこく》でした。

いち早《はや》く、帆船《はんせん》という交通手段《こうつうしゅだん》や、銃《じゅう》、大砲《たいほう》といった強力《きょうりょく》な武器《ぶき》を発明《はつめい》した欧米諸国《おうべいしょこく》は、一五世紀《せいき》あたりから世界各地《せかいかくち》に出《で》かけて行《い》きました。そして、それまで見《み》たことがない島《しま》に到達《とうたつ》（行きつくこと）し、そこに他《た》の欧米諸国《おうべいしょこく》の人間《にんげん》（白人《はくじん》）が訪《おとず》れた形跡《けいせき》（ものごとが行われたあと）がないことさえ確認《かくにん》すると、そこを「主《あるじ》のいない土地《とち》」として認定《にんてい》し、自分《じぶん》たちの領土《りょうど》だと宣言《せんげん》しました。これを「無主物先取特権《むしゅぶつせんしゅとっけん》」と言《い》いますが、仮《かり》にその土地《とち》に現地《げんち》の人々《ひとびと》が住《す》んでいたとしても、彼《かれ》らは欧米白人《おうべいはくじん》ではありませんから、人間《にんげん》とは見《み》なされなかったのです。

一五世紀《せいき》、ライバルのポルトガルと植民地《しょくみんち》の拡大競争《かくだいきょうそう》を行《おこな》っていたスペインは、中南米《ちゅうなんべい》において、原住民《げんじゅうみん》であるインディオたちに対《たい》する凄《すさ》まじい（ものすごい。とてもおそろしい）虐殺《ぎゃくさつ》（むごたらしく殺すこと）を行《おこな》っていました。その時《とき》のことは、スペイン出身《しゅっしん》のカトリック司祭《しさい》（神父）であったラス・カサスが、その著書《ちょしょ》などで報告《ほうこく》をしています。

ラス・カサス

初《はじ》めて自分《じぶん》たちの村《むら》にやって来《き》たスペイン人《じん》たちを、インディオたちは温《あたた》かくもてなし、多《おお》くの食事《しょくじ》を差《さ》し出《だ》したのですが、それに対《たい》してスペイン人《じん》たちが行《おこな》った悪行《あくぎょう》（悪いおこない）は、あまりにも残虐《ざんぎゃく》（ひどく、むごたらしい様子）です。この本《ほん》では、インディオたちを騙《だま》し、火《ひ》あぶりにし、刺《さ》し殺《ころ》しては犬《いぬ》に食《く》わせ……といった記述《きじゅつ》が続《つづ》き、読《よ》んでいるだけで、めまいがするほどです。

「キリスト教徒《きょうと》のスペイン人《じん》たちはインディオたちに平手打《ひらてう》ち（ビンタ）や拳固《げんこ》（パンチ）をくらわし、棒《ぼう》で彼《かれ》らを殴《なぐ》りつけ、村々《むらむら》の領主《りょうしゅ》（地主）たちにも暴力《ぼうりょく》を振《ふ》るうようになった」

「彼《かれ》らは、誰《だれ》が剣《けん》で人間《にんげん》を真《ま》っ二《ぷた》つに斬《き》れるかとか、誰《だれ》が一撃《いちげき》のもとに首《くび》を斬《き》り落《お》とせるかとか、あるいは内臓《ないぞう》を破裂《はれつ》させることができるか、といったことを競争《きょうそう》して、賭《か》けをした」

「彼《かれ》らは母親《ははおや》から赤《あか》ん坊《ぼう》を奪《うば》い、その子《こ》の足《あし》をつかんで岩《いわ》に頭《あたま》を叩《たた》きつけたりした。また、ある者《もの》たちは笑《わら》いながら幼《おさな》い子供《こども》を川《かわ》へ突《つ》き落《お》とし、水中《すいちゅう》に落《お》ちる音《おと》を聞《き》いて、『さあ、泳《およ》いでみな！』と叫《さけ》んだ」

「さらに、彼《かれ》らは大《おお》きな絞首台《こうしゅだい》（首を吊って殺すための台）を作《つく》り、インディオたちを一三人《にん》ずつその絞首台《こうしゅだい》に吊《つる》し、さらに、その下《した》に火《ひ》をつけて、インディオたちを生《い》きたまま火《ひ》あぶりにした」

「ある者《もの》は、部下《ぶか》に命《めい》じて二〇〇人以上《にんいじょう》のインディオの、鼻《はな》から口《くち》ひげまで、唇《くちびる》もろとも刃物《はもの》で削《そ》ぎ落《お》とし、『のっぺらぼう』にした」

……なんという残虐《ざんぎゃく》さでしょうか。「神《かみ》をも恐《おそ》れぬ（たとえ神さまのバチが当たろうとも、何とも思わない）」とは、このことです。

また、約《やく》三〇〇万人《まんにん》のインディオが暮《く》らしていたエスパニョーラ島《とう》は、スペイン人《じん》の侵略《しんりゃく》によって「今《いま》では、わずか二〇〇人《にん》ぐらいしか生《い》き残《のこ》っていない」と書《か》かれ、「この四〇年間《ねんかん》に、キリスト教徒《きょうと》によって一二〇〇万人以上《まんにんいじょう》の人《ひと》が殺《ころ》されたのは、まったく確《たし》かなことである。それどころか、私《わたし》は、一五〇〇万人《まんにん》以上《いじょう》のインディオが犠牲《ぎせい》になったと言《い》っても、間違《まちが》いではないと思《おも》っている」とラス・カサスは述《の》べています。

しかし、こうした虐殺《ぎゃくさつ》は、その後《ご》も延々《えんえん》と続《つづ》き、それが、スペイン王室《おうしつ》やポルトガル王室《おうしつ》の大《おお》きな繁栄《はんえい》に繋《つな》がったのです。

スペイン人によるインディオ虐殺の様子

これら両国《りょうこく》の後《あと》に力《ちから》を強《つよ》めてきたオランダは、三五〇年間《ねんかん》もインドネシアを植民地《しょくみんち》としましたが、その支配《しはい》もまた非常《ひじょう》に過酷《かこく》でした。

オランダは、現地人《げんちじん》に一切《いっさい》の教育《きょういく》を与《あた》えない「愚民化政策《ぐみんかせいさく》」を中心《ちゅうしん》とし、反乱《はんらん》を起《お》こさせないため、三〇〇以上《いじょう》もあった方言《ほうげん》（ある地方だけで使われる、共通語でない言葉）をそのまま残《のこ》し、統一《とういつ》した言葉《ことば》（インドネシア語《ご》）を作《つく》らないことで分断統治支配《ぶんだんとうちしはい》（支配する人たちを、たがいにあらそわせて団結させない統治方法）を行《おこな》いました。統一《とういつ》された言葉《ことば》を作《つく》ると、住民《じゅうみん》たちが団結《だんけつ》し、オランダに反発《はんぱつ》する恐《おそ》れがあるからです。

オランダ人《じん》たちは、ちょっとしたことで現地《げんち》のインドネシア人《じん》を殴《なぐ》り、鞭打《むちう》ちにするなどして、完全《かんぜん》な奴隷《どれい》として数百年《すうひゃくねん》も支配《しはい》する一方《いっぽう》、現地人《げんちじん》を強制労働《きょうせいろうどう》させることで、香辛料《こうしんりょう》（スパイス）やコーヒー、石油《せきゆ》などの資源《しげん》を大量《たいりょう》に奪《うば》い、オランダ王室《おうしつ》を繁栄《はんえい》させせました。

このインドネシアからの利益《りえき》は、一九世紀《せいき》の段階《だんかい》で、オランダの国家収入《こっかしゅうにゅう》の三分《ぶん》の一にのぼったと言《い》われていますが、地元民《じもとみん》による米《こめ》の栽培《さいばい》を禁止《きんし》したために飢饉《ききん》（農作物がとれず食べものがなくなること）が起《お》こり、ジャワ地方《ちほう》では人口《じんこう》三三万人《まんにん》の町《まち》が一二万人《まんにん》に減少《げんしょう》するといったことも起《お》こりました。

フランスもまた、ベトナムやカンボジアといったインドシナ地域《ちいき》に進出《しんしゅつ》し、大東亜戦争《だいとうあせんそう》の後《のち》まで宗主国《そうしゅこく》（他の国を支配している国）として居座《いすわ》りました。この間《かん》にフランス人《じん》らは土地《とち》を奪《うば》い去《さ》り、地元民《じもとみん》たちは奴隷《どれい》として扱《あつか》われました。この期間《きかん》にフランスが殺害《さつがい》したインドシナの人々《ひとびと》の数《かず》は、一〇〇万人《まんにん》にのぼるとも言《い》われています。

第一章《だいいっしょう》で述《の》べた通《とお》り、アメリカの場合《ばあい》は、スペインとの戦争《せんそう》に勝利《しょうり》した後《あと》、キューバ、フィリピンを占領《せんりょう》し、そこから中国本土《ちゅうごくほんど》を狙《ねら》っていましたが、アメリカも、植民地《しょくみんち》としたフィリピンでは、反対《はんたい》する地元民《じもとみん》を二〇万人以上《まんにんいじょう》も殺害《さつがい》しています。これをやったのは、日本《にほん》を占領《せんりょう》したダグラス・マッカーサーの父《ちち》、アーサー・マッカーサーでした。

そんな中《なか》でも、世界中《せかいじゅう》で最《もっと》も広大《こうだい》な植民地《しょくみんち》を建設《けんせつ》したのはイギリスです。ミャンマー（当時の国名はビルマ）の王国《おうこく》を滅《ほろ》ぼし、マレー人《じん》の社会《しゃかい》を分断《ぶんだん》し、インドを席巻《せっけん》（かたっぱしから攻めとること）したその支配方法《しはいほうほう》は、合理的《ごうりてき》かつ残虐《ざんぎゃく》でありました。そのインドでも飢饉《ききん》が起《お》こり、一八七七年《ねん》の南《みなみ》インドの飢饉《ききん》では五〇〇万人《まんにん》が死亡《しぼう》、一九四三年《ねん》の飢饉《ききん》の犠牲者《ぎせいしゃ》は、ベンガル地方《ちほう》だけで三四〇万人《まんにん》にも達《たっ》した、と言《い》われています。

またイギリスは、清帝国《しんていこく》に対《たい》しては阿片《アヘン》という麻薬《まやく》を売《う》りつけ、それに清帝国《しんていこく》が抵抗《ていこう》すると、清《しん》に「阿片戦争《アヘンせんそう》」を仕掛《しか》けて、香港《ホンコン》などを奪《うば》ってしまったのです。

大東亜戦争《だいとうあせんそう》は「アジア解放《かいほう》の戦《たたか》い」だった

第一章《だいいっしょう》で述《の》べた通《とお》り、日本《にほん》が戦争《せんそう》を開始《かいし》したのは、アジア諸国《しょこく》を植民地《しょくみんち》にしていたアメリカやイギリス、オランダなどから「ＡＢＣＤ包囲網《ほういもう》」という名《な》の「いじめ」を受《う》け、石油《せきゆ》や屑鉄《くずてつ》などといった、日本《にほん》が生《い》きていくうえで絶対《ぜったい》に必要《ひつよう》な「戦略物資《せんりゃくぶっし》」の供給《きょうきゅう》を完全《かんぜん》に断《た》たれたからでした。その結果《けっか》、最後《さいご》には、追《お》い詰《つ》められた日本《にほん》が自衛《じえい》のために立《た》ち上《あ》がったのです。

しかしその一方《いっぽう》で、追《お》い詰《つ》められた日本《にほん》の指導者《しどうしゃ》たちの頭《あたま》をかすめたのは、「なぜ日本《にほん》だけが、このようにして追《お》い込《こ》まれなければならないのか」ということでした。事実《じじつ》、その頃《ころ》の日本人《にほんじん》の中《なか》には、当時《とうじ》の欧米白人諸国《おうべいはくじんしょこく》を中心《ちゅうしん》に成《な》り立《た》っていた国際社会《こくさいしゃかい》において、日本《にほん》と日本人《にほんじん》が人種的《じんしゅてき》に差別《さべつ》されているということを痛切《つうせつ》に感《かん》じていた人《ひと》たちがいました。また、欧米《おうべい》の植民地支配《しょくみんちしはい》を見《み》て、これは「弱《よわ》い者《もの》いじめだ」と感《かん》じていた人《ひと》も多《おお》かったのです。

こんな人種差別《じんしゅさべつ》に対《たい》する怒《いか》りは、明治《めいじ》の頃《ころ》から、意識《いしき》の高《たか》い日本人《にほんじん》の中《なか》に、ずっと渦巻《うずま》いていました。やがて、日本《にほん》の民族主義者《みんぞくしゅぎしゃ》たち（民族の独立発展を目ざす人たち）は、欧米諸国《おうべいしょこく》の植民地主義《しょくみんちしゅぎ》に苦《くる》しむアジア・アフリカの人々《ひとびと》を見《み》て義憤《ぎふん》（正義にはずれたことに対する怒り）に駆《か》られ、アジア諸国《しょこく》の独立《どくりつ》を支援《しえん》し、それらの国々《くにぐに》との同盟《どうめい》によって西洋列国《せいようれっこく》と対抗《たいこう》しようとする「大《だい》アジア主義《しゅぎ》」という考《かんが》え方《かた》を作《つく》り上《あ》げました。

彼《かれ》らは、国際連盟《こくさいれんめい》において日本《にほん》から「人種的差別撤廃提案《じんしゅてきさべつてっぱいていあん》」を提出《ていしゅつ》させるための運動《うんどう》を行《おこな》ったり、インドの独立運動家《どくりつうんどうか》であるラース・ビハーリー・ボースの亡命《ぼうめい》を支援《しえん》したりしました。
その後《ご》も、アメリカと戦《たたか》うフィリピン独立運動《どくりつうんどう》などを支援《しえん》し、一九三五年《ねん》のイタリアによるエチオピア（東アフリカにある、黒人の国家）侵攻《しんこう》を強《つよ》く非難《ひなん》し、日本《にほん》の皇族《こうぞく》とエチオピア王族《おうぞく》を結婚《けっこん》させようとさえしています。

日本人《にほんじん》の多《おお》くは、明治維新《めいじいしん》の後《のち》、ずっとこのようにして人種差別的《じんしゅさべつてき》な欧米諸国《おうべいしょこく》の態度《たいど》に異議《いぎ》（反対する意見）を唱《とな》えてきました。そんな人々《ひとびと》の思《おも》いは、「ＡＢＣＤ包囲網《ほういもう》」といった、日本《にほん》を狙《ねら》い撃《う》ちにした経済封鎖《けいざいふうさ》（経済活動に必要な輸入や輸出が、できないようにすること）を受《う》けてピーク（最も高い状態）に達《たっ》し、それが、大東亜《だいとうあ》戦争《せんそう》を通《つう》じてアジア諸国《しょこく》を解放《かいほう》に導《みちび》こうとする思想《しそう》に繋《つな》がったのです。そして実際《じっさい》に、多《おお》くの日本国民《にほんこくみん》や軍《ぐん》の兵士《へいし》が、「自分《じぶん》たちはアジアを白人支配《はくじんしはい》から解放《かいほう》する義務《ぎむ》があるのだ」という信念《しんねん》を持《も》っていたのです。

こんな日本人《にほんじん》の考《かんが》え方《かた》は、多《おお》くのアジア人《じん》の指導者《しどうしゃ》らに支持《しじ》されました。第一章《だいいっしょう》に登場《とうじょう》した、インドの独立運動家《どくりつうんどうか》として今日《こんにち》もインド人《じん》から慕《した》われているチャンドラ・ボースは、欧米人《おうべいじん》から大量《たいりょう》の武器《ぶき》弾薬《だんやく》と資金《しきん》の援助《えんじょ》を受《う》け、その手先《てさき》となって日本《にほん》と戦《たたか》っている中国《ちゅうごく》の蒋介石《しょうかいせき》に対《たい》して、「君《きみ》たちは『アジアの敵《てき》』と組《く》み、『アジアの味方《みかた》』と戦《たたか》っているのではないか？」と、ラジオで語《かた》りかけています。

もちろん、中国《ちゅうごく》での戦争《せんそう》や、大東亜戦争《だいとうあせんそう》においては、日本《にほん》も多《おお》くの過《あやま》ちを犯《おか》しました。多《おお》くの敵性住民《てきせいじゅうみん》（敵のがわについている住民）を処刑《しょけい》したこともありますし、一部《いちぶ》で捕虜《ほりょ》を虐待《ぎゃくたい》（ひどいあつかいをすること）した人《ひと》もいました。また、戦前《せんぜん》の日本政府《にほんせいふ》の中国大陸《ちゅうごくたいりく》への進出《しんしゅつ》の方法《ほうほう》を見《み》ても、それらがすべて正《ただ》しかったということはできません。反省《はんせい》すべきところは、しっかりと反省《はんせい》しなければならないのは、確《たし》かなことです。

しかし、あの戦争《せんそう》を大《おお》きな視点《してん》から眺《なが》めて見《み》ると、日本《にほん》があの戦争《せんそう》をやったために、アジアや中東《ちゅうとう》、アフリカの国々《くにぐに》が目覚《めざ》め、戦後《せんご》の独立《どくりつ》に繋《つな》がったことは紛《まぎ》れもない（たしかな）事実《じじつ》であり、当時《とうじ》の日本人《にほんじん》の多《おお》くが、真剣《しんけん》にアジアの解放《かいほう》を夢見《ゆめみ》ていたこともまた、間違《まちが》いなく事実《じじつ》なのです。大東亜戦争《だいとうあせんそう》で、日本《にほん》は国土《こくど》を焦土《しょうど》（焼け野原）にさせられ、三〇〇万人近《まんにんちか》い人々《ひとびと》が命《いのち》を落《お》としました。しかし、敗《やぶ》れてもなお、「アジアを解放《かいほう》する」という理念《りねん》だけは生《い》き残り、大東亜戦争《だいとうあせんそう》の後《あと》から、アジアやアフリカの諸国《しょこく》は、次々《つぎつぎ》と独立《どくりつ》を果《は》たしていくことになったのです。つまり日本《にほん》は、戦《たたか》いに敗《やぶ》れつつも、その理想《りそう》では、欧米《おうべい》の植民地主義《しょくみんちしゅぎ》に打《う》ち勝《か》ったと言《い》えるでしょう。

日本《にほん》の勝利《しょうり》に驚喜《きょうき》したアジアの人々《ひとびと》

こんな高《たか》い意識《いしき》を持《も》つ日本《にほん》が、有色人種《ゆうしょくじんしゅ》の独立国家《どくりつこっか》として初《はじ》めて立《た》ち上《あ》がり、欧米諸国《おうべいしょこく》に歯《は》向《む》かったのですから、アジア諸国《しょこく》の人々《ひとびと》は驚喜《きょうき》（おどろき、よろこぶこと）しましたが、そんな彼《かれ》らが最初《さいしょ》に目《め》を輝《かがや》かせたのは、なんといっても、日露戦争《にちろせんそう》における日本《にほん》の勝利《しょうり》です。

中国《ちゅうごく》の「建国《けんこく》の父《ちち》」と呼《よ》ばれている孫文《そんぶん》は、中華民国《ちゅうかみんこく》を設立《せつりつ》しようとして清帝国《しんていこく》と戦《たたか》おうとしたものの、失敗《しっぱい》して日本《にほん》に亡命《ぼうめい》し、日本《にほん》の民族主義団体《みんぞくしゅぎだんたい》によって助《たす》けられたのですが、彼《かれ》は日露戦争《にちろせんそう》での日本《にほん》の勝利《しょうり》について、こう言《い》っています。

「日露戦争《にちろせんそう》はアジア人《じん》の欧州人《おうしゅうじん》に対《たい》する最初《さいしょ》の勝利《しょうり》であった。この日本《にほん》の勝利《しょうり》は全《ぜん》アジアに影響《えいきょう》をおよぼし、全《ぜん》アジア人《じん》は非常《ひじょう》に歓喜《かんき》し（よろこび）、きわめて大《おお》きな希望《きぼう》を抱《いだ》くに至《いた》り（希望を持つことになり）、大国《たいこく》の圧政《あっせい》（力で押さえつける政治）に苦《くる》しむ諸民族《しょみんぞく》に民族独立《みんぞくどくりつ》の覚醒《かくせい》（目ざめ）を与《あた》え、ナショナリズム（国や民族を愛する気持ち）を急速《きゅうそく》に高《たか》めた」

また、後《のち》にインドの初代首相《しょだいしゅしょう》となったネルーが、かつて捕《と》らえられていたイギリス植民地《しょくみんち》政府《せいふ》の獄中《ごくちゅう》（刑務所の中）から娘《むすめ》に向《む》けて書《か》いた手紙《てがみ》の最初《さいしょ》の一節《いっせつ》には、こうあります。

「日本《にほん》がロシアに勝《か》ちました。大国《たいこく》の仲間入《なかまい》りをしました。アジアの国《くに》、日本《にほん》の勝利《しょうり》は、すべてのアジア諸国《しょこく》に、はかりしれない影響《えいきょう》を与《あた》えたのです。少年《しょうねん》のころの私《わたし》が、これにいかに興奮《こうふん》したか、以前《いぜん》、あなたに話《はな》したことがありますね。この興奮《こうふん》は、アジアのすべての人々《ひとびと》が分《わ》かち合《あ》いました。欧州《おうしゅう》の大国《たいこく》が負《ま》けました。アジアは欧州《おうしゅう》に勝《か》ったのです。アジアのナショナリズムが東《ひがし》の国々《くにぐに》に広《ひろ》がり、『アジア人《じん》のためのアジア』の叫《さけ》び声《こえ》が聞《き》こえました」

この日露戦争《にちろせんそう》における日本《にほん》の勝利《しょうり》が、ネルーを奮《ふる》い立《た》たせたのは間違《まちが》いない事実《じじつ》であり、その一生《いっしょう》をインド独立《どくりつ》に捧《ささ》げる決意《けつい》をさせたのは、日本《にほん》だったのです。

そのほかにも、日本《にほん》が大東亜戦争《だいとうあせんそう》を開始《かいし》したことに対《たい》し、強《つよ》い感謝《かんしゃ》の気持《きも》ちを表《あらわ》しているアジアの指導者《しどうしゃ》がたくさんいます。例《たと》えば、ラジャー・ダト・ノンチック氏《し》（マレーシアの元《もと》上院議員《じょういんぎいん》）は、「私《わたし》たちは、マレー半島《はんとう》を進撃《しんげき》してゆく日本軍《にほんぐん》に、喜《よろこ》びの声《こえ》をあげました。敗《やぶ》れて逃《に》げてゆくイギリス軍《ぐん》を見《み》たときに、今《いま》まで感《かん》じたことのない興奮《こうふん》を覚《おぼ》えました」と述《の》べています し、セイロン（現在《げんざい》のスリランカ）のジャヤワルダナ大統領《だいとうりょう》は、戦後《せんご》、アメリカの占領下《せんりょうか》にあった日本《にほん》が主権《しゅけん》を回復《かいふく》することになったサンフランシスコ講和会議《こうわかいぎ》において、「日本《にほん》が掲《かか》げたアジア共栄《きょうえい》のスローガンは、従属《じゅうぞく》（支配されている）諸民族《しょみんぞく》に強《つよ》く訴《うった》えるものがあった」

と語《かた》り、日本《にほん》に対《たい》して一切《いっさい》の戦時賠償《せんじばいしょう》（戦争で相手にあたえた損害をお金などでつぐなうこと）を求《もと》めないという決定《けってい》をしたのです。

また、インドは、「インドは金銭的《きんせんてき》な要求《ようきゅう》よりも、友情《ゆうじょう》に重《おも》きを置《お》く（重要だと考える）」として、この講和条約《こうわじょうやく》に参加《さんか》することさえ、なかったといいます。他《ほか》にも、ラオスやカンボジアも賠償《ばいしょう》を放棄《ほうき》（権利などを使わないこと）しましたが、それだけ当時《とうじ》の日本《にほん》は、多《おお》くのアジア諸国《しょこく》から深《ふか》く感謝《かんしゃ》されていたのです。

タイ王国《おうこく》のククリット・プラモード元首相《もとしゅしょう》が、「今日《こんにち》、東南《とうなん》アジア諸国民《しょこくみん》が、アメリカやイギリスと対等《たいとう》に話《はなし》ができるのは、いったい誰《だれ》のおかげなのか。それは『身《み》を殺《ころ》して仁《じん》をなした（自分の体を犠牲にして、思いやりの心をつらぬいた）』日本《にほん》というお母《かあ》さんがいたからである」と述《の》べたのは有名《ゆうめい》な話《はなし》です。

このように、日本人《にほんじん》は決《けっ》してアジア諸国《しょこく》と戦《たたか》ったのではなく、アジアを支配《しはい》し、アジア人《じん》を弾圧《だんあつ》して搾取《さくしゅ》していた欧米列強《おうべいれっきょう》と戦《たたか》ったのだ、ということを忘《わす》れてはいけません。

日本《にほん》のために祈《いの》ってくれたイスラム圏《けん》の人々《ひとびと》

このように見《み》ても、私《わたし》たちが学校《がっこう》で習《なら》い、あるいはテレビなどのメディアや新聞《しんぶん》で知《し》るような、「世界中《せかいじゅう》が日本《にほん》の過去《かこ》の戦争《せんそう》によって苦《くる》しんだのだから、日本《にほん》はこれからも反省《はんせい》をし続《つづ》け、謝罪《しゃざい》し続《つづ》けなければならない」といったことが、いかに真実《しんじつ》と、かけ離《はな》れているかが判《わか》ります。それどころか、世界中《せかいじゅう》の多《おお》くの人《ひと》たちは、日本人《にほんじん》に親《した》しみを感《かん》じ、その力《ちから》を賞賛《しょうさん》（ほめたたえること）してくれているのです。

そんな世界《せかい》の人々《ひとびと》の気持《きも》ちは、二〇一一年《ねん》の東日本大震災《ひがしにほんだいしんさい》と大津波《おおつなみ》の際《さい》に、大《おお》きく現《あらわ》れました。たとえば、中国《ちゅうごく》の新疆《しんきょう》ウイグル地域《ちいき》に住《す》むイスラム教徒《きょうと》たちは、二〇一一年《ねん》三月《がつ》一一日《にち》の東日本大震災《ひがしにほんだいしんさい》の際《さい》、各地《かくち》で開《ひら》かれた金曜礼拝《きんようれいはい》の時《とき》に、日本《にほん》の被災者《ひさいしゃ》の無事《ぶじ》を願《ねが》って祈《いの》りを捧《ささ》げてくれたといいます。

同《おな》じイスラム教《きょう》の国《くに》であるイラクでは、国内《こくない》の戦乱《せんらん》がまったく収《おさ》まっていないにもかかわらず、日本《にほん》の復興《ふっこう》のためのチャリティ・コンサートを開《ひら》いてくれましたし、震災《しんさい》のときは、ちょうど年末年始《ねんまつねんし》のお休《やす》みの最中《さいちゅう》であったという隣国《りんごく》のイランは、日本《にほん》の危機《きき》を知《し》った多《おお》くのイラン人《じん》が日本大使館《にほんたいしかん》を訪《おとず》れて深《ふか》い哀悼《あいとう》（悲しんで、なげくこと）の意《い》を示《しめ》してくれたといいます。イランのアリー・アクバル・サーレヒー外相《がいしょう》は、「日本人《にほんじん》は勤勉《きんべん》で忍耐力《にんたいりょく》のある国民《こくみん》である」とし、「偉大《いだい》な日本《にほん》国民《こくみん》は必《かなら》ず、この自然災害《しぜんさいがい》を克服《こくふく》できると確信《かくしん》している」と伝《つた》えてくれました。

また、在日《ざいにち》（日本に住んでいる）イラン人《じん》の人々《ひとびと》が，岩手県釜石市《いわてけんかまいしし》で二二〇〇食《しょく》ものイラン料理《りょうり》の炊《た》き出《だ》し（災害をうけて困っている人たちに食事を作ってわたすこと）を行《おこな》い、被災者《ひさいしゃ》からは「今《いま》までイラン料理《りょうり》は食《た》べたことがなかったけれど、温《あたた》かくて美味《おい》しい」と感謝《かんしゃ》されていますし、在日《ざいにち》パキスタン人《じん》の皆《みな》さんも、多《おお》くの支援物資《しえんぶっし》を配布《はいふ》したり、カレーの炊《た》き出《だ》しといったボランティア活動《かつどう》をしてくれました。

さらに、同《おな》じイスラム教徒《きょうと》の国《くに》である中東《ちゅうとう》カタールの場合《ばあい》は、東北《とうほく》で被災《ひさい》した一四〇〇人《にん》もの子供《こども》たちとその家族《かぞく》を北海道夕張市《ほっかいどうゆうばりし》に招待《しょうたい》してスキー教室《きょうしつ》を開催《かいさい》したり、津波《つなみ》によって大打撃《だいだげき》を受《う》けた女川町《おながわちょう》に対《たい》し、再《ふたた》び「さんまの水揚《みずあ》げ量《りょう》、日本一《にほんいち》」となることを支援《しえん》するため、日本《にほん》の団体《だんたい》と共同《きょうどう》で巨大《きょだい》な冷蔵冷凍施設《れいぞうれいとうしせつ》を建設《けんせつ》したりしてくれました。この時《とき》のカタールの担当者《たんとうしゃ》たちは、英語《えいご》のできない女川《おながわ》の人々《ひとびと》の立場《たちば》に立《た》って、一生懸命《いっしょうけんめい》に頑張《がんば》ってくれたといいます。

アラビア半島《はんとう》にあるオマーンという国《くに》も大変《たいへん》な親日国《しんにちこく》（日本のことが好きな国）であり、震災《しんさい》の直後《ちょくご》には、カブース国王《こくおう》を始《はじ》め、多《おお》くの閣僚《かくりょう》（大臣）らが日本《にほん》へのお見舞《みま》いの手紙《てがみ》やメッセージを贈《おく》ってくれたばかりか、人口《じんこう》わずか二七〇万《まん》ほどの国《くに》にもかかわらず、オマーン政府《せいふ》として一〇〇〇万《まん》ドルの義捐金《ぎえんきん》（困っている人のために寄付するお金）を提供《ていきょう》してくれました。国民一人《こくみんひとり》あたりの額《がく》としては、世界最高《せかいさいこう》でしょう。

このように、世界《せかい》の多《おお》くの国々《くにぐに》が、大震災《だいしんさい》で苦《くる》しんでいる日本《にほん》のために祈《いの》り、救《すく》いの手《て》を差《さ》し伸《の》べてくれたのですが、これもまた、過去《かこ》に日本《にほん》が行《おこな》った行為《こうい》の意義《いぎ》（ものごとの意味や、そのねうち）を、彼《かれ》らがしっかりと感《かん》じてくれている証拠《しょうこ》でしょう。

大《だい》の親日国《しんにちこく》・パプアニューギニア

かつて、多《おお》くの日本軍兵士《にほんぐんへいし》が命《いのち》を落《お》とした南太平洋《みなみたいへいよう》のパプアニューギニアもまた、大変《たいへん》な親日国《しんにちこく》です。私自身《わたしじしん》、幾人《いくにん》かの政府閣僚《せいふかくりょう》や「建国《けんこく》の父《ちち》」と呼《よ》ばれているマイケル・ソマレ前《ぜん》首相《しゅしょう》などと面会《めんかい》してお話《はなし》をさせていただいたことがありますが、これらの方々《かたがた》は、日本《にほん》に対《たい》して大《おお》きな親《した》しみを感《かん》じてくださっています。

私自身《わたしじしん》も、パプアニューギニアでは何度《なんど》も地元《じもと》の人々《ひとびと》の親日《しんにち》ぶりに心《こころ》を打《う》たれています。ある時《とき》、かつて日本軍兵士《にほんぐんへいし》が激闘《げきとう》を重《かさ》ねた地域《ちいき》の密林《みつりん》（ジャングル）を歩《ある》いていたのですが、ふと

ソマレ前首相

前方《ぜんぽう》の森《もり》の中《なか》から、シワクチャのおばあさんがやって来《く》るのが見《み》えました。すれ違《ちが》い際《ぎわ》におばあさんは、「あんたはチャイナ（中国《ちゅうごく》）か、コリア（韓国《かんこく》）か、それともマレーシアか？」と尋《たず》ねてきましたので、「いいえ、ジャ

パン（日本《にほん》）です」と答《こた》えましたら、おばあさんはシワクチャの顔《かお》を一層《いっそう》シワシワにして満面《まんめん》の笑《え》みを浮《う》かべ、「そうか、そうか」と言《い》って森《もり》の中《なか》に消《き》えていきました。

それからしばらく森《もり》の中《なか》を歩《ある》いたところで、ふと後《うし》ろを振《ふ》り返《かえ》ると、どこから現《あらわ》れたのか、数《すう》十人《にん》もの村人《むらびと》が、ぞろぞろとついてくるではないですか。それまでの途中《とちゅう》に、村《むら》など一《ひと》つもなかったはずで、いったいどこから現《あらわ》れたのか不思議《ふしぎ》だったのですが、なぜかみんなニヤニヤ笑《わら》っていて、中《なか》でも一〇代《だい》と思《おも》われる少年少女《しょうねんしょうじょ》はキャッキャと、はしゃいでいるのです。

「なんでついてくるのかな？」と思《おも》いつつ歩《ある》き続《つづ》け、しばらくして休息《きゅうそく》を取《と》ると、後《あと》からついてきたこの地元《じもと》の人《ひと》たちが周《まわ》りを取《と》り囲《かこ》み、その中《なか》の、頑丈《がんじょう》そうな男性《だんせい》がニコニコしながら、「おい、ジャパン！　俺《おれ》と文通《ぶんつう》（手紙の交換）をしてくれ」と言《い》うではありませんか。

やがて、その中《なか》の一人《ひとり》の少女《しょうじょ》がタロイモ（この地方でとれる、イモの一種）を差《さ》し出《だ》してくれたので、それを手《て》づかみで食《た》べると、彼《かれ》らはワーッと喜《よろこ》び、「やっぱりジャパンは、他《ほか》とは違《ちが》う。我々《われわれ》の食《た》べものを、同《おな》じように手《て》を使《つか》って、嫌《いや》な顔《かお》ひとつせずに食《た》べてくれる。昔《むかし》のジャパンの兵隊《へいたい》さんと一緒《いっしょ》だ」と言《い》うのです。そばにいた男性《だんせい》も続《つづ》けて、「我々《われわれ》の食《た》べものを汚《きたな》がって、家《いえ》の中《なか》にさえ入《い》れてくれない白人《はくじん》や中国人《ちゅうごくじん》とは全然違《ぜんぜんちが》う」などと言《い》っていました。

パプアニューギニアの人たち

　また別《べつ》の村《むら》では、子供《こども》の頃《ころ》に日本海軍《にほんかいぐん》の兵士《へいし》と仲良《なかよ》くなったという老人《ろうじん》に会《あ》いましたが、その人《ひと》は、その日本軍《にほんぐん》の兵隊《へいたい》さんから、「我々《われわれ》はあなたたちを、白人《はくじん》の支配《しはい》から解放《かいほう》するためにやって来《き》た。将来《しょうらい》、戦争《せんそう》が終《お》わったら、私《わたし》は君《きみ》のお姉《ねえ》さんと結婚《けっこん》するから、君《きみ》は私《わたし》の妹《いもうと》と結婚《けっこん》しろ」と言《い》われたそうです。

　ちなみに、この地区《ちく》は、後《のち》に連合軍《れんごうぐん》の激《はげ》しい攻撃《こうげき》にさらされ、日本軍兵士《にほんぐんへいし》は地獄《じごく》のような飢餓《きが》（食べものが、まったくない状態）と、降《ふ》り注《そそ》ぐ砲弾《ほうだん》（大砲の弾）の中《なか》で次々《つぎつぎ》に倒《たお》れ、わずかに生《い》き残《のこ》った兵士《へいし》たちが日本《にほん》の方角《ほうがく》に向《む》かって逃《に》げて行《い》ったのですが、その時《とき》、村人《むらびと》はボロボロになった日本兵《にほんへい》らを泣《な》きながら見送《みおく》ったということでした。

日本軍兵士《にほんぐんへいし》にかわいがってもらったという老人《ろうじん》には多《おお》く会《あ》いましたが、君《きみ》が代《よ》や軍歌《ぐんか》、今《いま》の若《わか》い人《ひと》なら知《し》らないであろう昔《むかし》の日本《にほん》の歌《うた》を、とても上手《じょうず》に歌《うた》ってくれました。

これらの話《はなし》のどれをとっても、今《いま》は亡《な》き日本《にほん》の兵隊《へいたい》さんたちが、どれだけ現地《げんち》の人々《ひとびと》に信頼《しんらい》され、その思《おも》い出《で》が、戦後《せんご》の今日《こんにち》まで、ずっと生《い》き続《つづ》けてきたのかが判《わか》ります。

東南《とうなん》アジアやインドの親日《しんにち》

東南《とうなん》アジアの中《なか》でも、特《とく》に親日《しんにち》だと言《い》われるのはインドネシアです。三五〇年《ねん》もの間《あいだ》、インドネシア人《じん》を弾圧《だんあつ》し、その資源《しげん》を徹底的《てっていてき》に搾取《さくしゅ》したオランダを、日本軍《にほんぐん》はわずか九日間《ここのかかん》で打《う》ち破《やぶ》りましたが、これに当時《とうじ》のインドネシアの人々《ひとびと》は熱狂《ねっきょう》しました。

彼《かれ》らが熱狂《ねっきょう》したのは、一二世紀《せいき》ごろに東《ひがし》ジャワの方《ほう》に住《す》んでいたジョヨボヨという王様《おうさま》が残《のこ》したという「予言《よげん》」のせいです。この王様《おうさま》は、「インドネシアは、ある時《とき》から白《しろ》い肌《はだ》の異民族《いみんぞく》に長《なが》いあいだ統治《とうち》されるが、空《そら》から黄色《きいろ》い肌《はだ》の人々《ひとびと》がやって来《き》て白《しろ》い人々《ひとびと》を追《お》い出《だ》し、トウモロコシの実《み》がなる頃《ころ》に去《さ》って行《い》く」というような内容《ないよう》の予言《よげん》をしたそうですが、ある日《ひ》、日本《にほん》海軍《かいぐん》の空挺部隊《くうていぶたい》（パラシュートを使って、空から敵を攻撃する部隊）が空《そら》から本当《ほんとう》に降《ふ》ってきてオランダ人《じん》を追《お》い出《だ》したため、現地《げんち》の人々《ひとびと》は「あの予言《よげん》は本当《ほんとう》だったのだ！」と信《しん》じ込《こ》んだのです。

日本《にほん》の陸軍《りくぐん》でインドネシア攻略部隊《こうりゃくぶたい》を指揮《しき》したのは、第《だい》一六軍《ぐん》の今村均将軍《いまむらひとしょうぐん》でしたが、彼《かれ》は当時《とうじ》オランダに対《たい》する独立運動《どくりつうんどう》を行《おこな》っていたスカルノという人物《じんぶつ》の存在《そんざい》を知《し》り、牢獄《ろうごく》（ろうや）から彼《かれ》を救出《きゅうしゅつ》しました。そしてスカルノと面会《めんかい》し、以下《いか》のようなことを伝《つた》えました。

「私《わたし》が今《いま》、インドネシアの民衆《みんしゅう》に、はっきりと約束《やくそく》できることは、私《わたし》の行《おこな》う軍政《ぐんせい》（軍事行政の略。軍隊が占領地域をおさめること）による、オランダ政権時代《せいけんじだい》の政治《せいじ》よりも良《よ》い政治《せいじ》です。あなたが日本軍《にほんぐん》に協力《きょうりょく》するか、中立的《ちゅうりつてき》な立場《たちば》をとって、何《なに》もしないで形勢《けいせい》を傍観《ぼうかん》（そばで見ているだけ）しているかは、どちらも自由《じゆう》です。もし傍観《ぼうかん》しているだけの場合《ばあい》であっても、日本軍《にほんぐん》はあなたの生命財産《せいめいざいさん》と名誉《めいよ》とを、完全《かんぜん》に保護《ほご》いたします。べつに急《いそ》ぐ必要《ひつよう》はありません。よく同志《どうし》（同じ考えで心を一つにする人たち）の人々《ひとびと》とご相談《そうだん》の上《うえ》、はっきりした態度《たいど》を決《き》めてください」

後《のち》のインドネシア初代大統領《しょだいだいとうりょう》に就任《しゅうにん》するスカルノは、この今村将軍《いまむらしょうぐん》の言葉《ことば》を信《しん》じて、日本軍《にほんぐん》に協力《きょうりょく》することを決《き》めたといいます。

日本《にほん》は、インドネシア語《ご》を統一《とういつ》し、現地人《げんちじん》を教育《きょういく》し、インドネシア人《じん》による軍隊《ぐんたい》を作《つく》らせて規律《きりつ》（きまり）と訓練《くんれん》を与《あた》え、政治《せいじ》に新《あたら》しいシステムを持《も》ち込《こ》みました。その結果《けっか》、愚民化政策《ぐみんかせいさく》に苦《くる》しんでいた頃《ころ》と違《ちが》い、統一《とういつ》インドネシア語《ご》によって瞬《また》く間《ま》に民族的《みんぞくてき》なまとまりを見《み》せたインドネシア人《じん》たちの間《あいだ》には、もはや消《け》すことのできないくらいに、強烈《きょうれつ》な独立心《どくりつしん》が育《そだ》ったのです。

スカルノ

インドネシア独立《どくりつ》のために戦《たたか》った元日本兵《もとにほんへい》たち

日本《にほん》が戦争《せんそう》に負《ま》けた後《あと》、オランダは再《ふたた》びインドネシアを植民地化《しょくみんちか》するために軍《ぐん》を送《おく》り込《こ》んできましたが、これにインドネシア人《じん》らは徹底的《てっていてき》に抵抗《ていこう》します。しかし、オランダの攻撃《こうげき》は凄《すさ》まじく、多《おお》くの非武装《ひぶそう》の村人《むらびと》が虐殺《ぎゃくさつ》されました。

当時《とうじ》、武装解除《ぶそうかいじょ》（負けたほうの軍隊が武器を取り上げられること）された状態《じょうたい》で現地《げんち》に駐留《ちゅうりゅう》していた元日本兵《もとにほんへい》らの多《おお》くは、こうした残虐行為《ざんぎゃくこうい》を見《み》て、自《みずか》らの母国《ぼこく》に帰《かえ》ることを拒否《きょひ》し、軍人《ぐんじん》の資格《しかく》を捨《す》ててインドネシア独立運動《どくりつうんどう》に参加《さんか》、その多《おお》くがインドネシア人《じん》の部隊《ぶたい》を率《ひき》いて、再《ふたた》びオランダ軍《ぐん》と戦《たたか》いました。その数《かず》は二〇〇〇人以上《にんいじょう》とも言《い》われています。

四年間《ねんかん》におよぶ、この「インドネシア独立戦争《どくりつせんそう》」では、一〇万人《まんにん》とも言《い》われるインドネシア人《じん》が命《いのち》を落《お》としましたが、ついにインドネシアは、自《みずか》らの手《て》で、悲願《ひがん》であった独立《どくりつ》を勝《か》ち取《と》ります。そして、その独立《どくりつ》のために、一〇〇〇人《にん》もの日本人《にほんじん》が命《いのち》を落《お》としたのです。

ちなみに戦後《せんご》、今村将軍《いまむらしょうぐん》がオランダ軍《ぐん》に戦犯《せんぱん》として拘留《こうりゅう》（つかまえて、とどめておくこと）された時《とき》には、そんな今村《いまむら》に救出《きゅうしゅつ》されたことのあるスカルノは、かつての恩《おん》に応《こた》えるため、刑務所《けいむしょ》から今村《いまむら》を救出《きゅうしゅつ》する計画《けいかく》まで立《た》てたと言《い》われています。

こんな日本《にほん》に対《たい》し、元復員軍人相《もとふくいんぐんじんしょう》のサン・パス氏《し》は、「戦争《せんそう》が終《お》わったあと、多《おお》くの日本人《にほんじん》が帰《かえ》らずに我々《われわれ》と戦《たたか》ってくれた。国軍墓地《こくぐんぼち》に葬《ほうむ》り、勲章《くんしょう》を贈《おく》った。しかし、それだけでは足《た》りないものを、彼《かれ》らは我々《われわれ》に与《あた》えてくれた」と言《い》っています。こんな過去《かこ》があるため、インドネシアは今日《こんにち》でも、日本《にほん》とは非常《ひじょう》に良好《りょうこう》な関係《かんけい》を築《きず》いているのです。

かつてミャンマーを訪《おとず》れた際《さい》にも、私《わたし》たちが雇《やと》った現地《げんち》のタクシー運転手《うんてんしゅ》が、自分《じぶん》の祖父《そふ》が戦時中《せんじちゅう》に傷《きず》ついた日本兵《にほんへい》を助《たす》け、村《むら》ぐるみで介抱《かいほう》（病人やケガ人の世話をすること）したことを、いまだに誇《ほこ》りに思《おも》っていると言《い》っていましたし、インドの人《ひと》たちと仕事《しごと》をした時《とき》は、多《おお》くの人《ひと》が、日本《にほん》の大東亜戦争《だいとうあせんそう》の話《はなし》をしてくれました。ある人《ひと》は、「多《おお》くの日本兵《にほんへい》がインド兵《へい》と肩《かた》を並《なら》べて戦《たたか》い、互《たが》いに助《たす》け合《あ》うことも多《おお》かった」と言《い》い、「日本《にほん》は本当《ほんとう》によく戦《たたか》った。あの戦《たたか》いのおかげで、インドは独立《どくりつ》のチャンスを得《え》たのだ」と熱《あつ》く語《かた》っていました。

海外《かいがい》に長《なが》くいると、時々《ときどき》こういう話《はなし》を現地《げんち》の人《ひと》とすることがあるのですが、日本《にほん》とそれらの国々《くにぐに》の関係《かんけい》が語《かた》られるきっかけの多《おお》くが、やはりあの大東亜戦争《だいとうあせんそう》であることを考《かんが》えると、あの戦争《せんそう》の意義《いぎ》というものは、今日《こんにち》の私《わたし》たちが意識《いしき》している以上《いじょう》に、大《おお》きなものがあったのだなあと、改《あらた》めて痛感《つうかん》（強く心に感じること）させられます。

第三章《だいさんしょう》　日本《にほん》は本当《ほんとう》に「悪《わる》いこと」をしたのか

日本軍《にほんぐん》の占領《せんりょう》は残虐《ざんぎゃく》なものであった。しかし日本軍《にほんぐん》の緒戦《しょせん》の勝利《しょうり》により、欧米《おうべい》のアジア支配《しはい》は粉砕《ふんさい》され、アジア人《じん》は、自分《じぶん》たちも欧米人《おうべいじん》に負《ま》けないという自信《じしん》を持《も》った。日本《にほん》の敗戦後《はいせんご》一五年以内《ねんいない》に、アジアの植民地《しょくみんち》はすべて解放《かいほう》された。

——ゴー・チョクトン元首相《もとしゅしょう》（シンガポール）

日本人《にほんじん》にも過《あやま》ちはあった

これまでは、日本《にほん》の行《おこな》った大東亜戦争《だいとうあせんそう》の意義《いぎ》や、「いじめっ子《こ》たちのリンチ」に過《す》ぎなかった東京裁判《とうきょうさいばん》、そして世界《せかい》に溢《あふ》れる親日《しんにち》の情《じょう》（気持ち）というものについて書《か》いてきました。そして、そんな親日《しんにち》の情《じょう》の多《おお》くは、日露戦争《にちろせんそう》や大東亜戦争《だいとうあせんそう》で日本《にほん》が欧米諸国《おうべいしょこく》の植民地主義《しょくみんちしゅぎ》に立《た》ち向《む》かい、またアジア各国《かっこく》の人々《ひとびと》と連帯《れんたい》した結果《けっか》として生《しょう》じたものであることも説明《せつめい》しました。

しかしその一方《いっぽう》で、アジアの人々《ひとびと》に対《たい》して横暴《おうぼう》（わがままで乱暴なこと）に振《ふ》る舞《ま》った日本人《にほんじん》も少《すく》なくなかったという事実《じじつ》や、時《とき》に残虐《ざんぎゃく》な行為《こうい》を犯《おか》してしまったという事実《じじつ》は、認《みと》めなくてはなりません。

例《たと》えば、シンガポールでは、大本営《だいほんえい》（戦争の時に作られる、日本軍の本部）の、ある参謀《さんぼう》の命令《めいれい》によって、敵性《てきせい》と見《み》なされた華僑《かきょう》（海外に住む中国人）の人々《ひとびと》が数千人《すうせんにん》殺害《さつがい》されています。その実態《じったい》はよく判《わか》っていませんが、

私自身《わたしじしん》、ニューギニア戦線《せんせん》で連合軍《れんごうぐん》の砲兵陣地《ほうへいじんち》に侵入《しんにゅう》し、これを爆破《ばくは》したとして表彰《ひょうしょう》されたという元兵士《もとへいし》に取材《しゅざい》をした際《さい》、その方《ほう》が、「実《じつ》はシンガポールで中国系住民《ちゅうごくけいじゅうみん》を銃剣《じゅうけん》（銃の先にナイフをつけたもの）で刺殺《しさつ》した」と告白《こくはく》されて驚《おどろ》いたことがあります。

「殺《ころ》す相手《あいて》は黙《だま》って目《め》をつむっていてね。銃剣《じゅうけん》を握《にぎ》るこちらの方《ほう》がブルブル震《ふる》えてしまって、最後《さいご》は泣《な》きじゃくりながら何度《なんど》も突《つ》き刺《さ》しましたよ……」

その元兵士《もとへいし》の方《かた》は、そう言《い》いながら身《み》を震《ふる》わせ、「確《たし》かに、相手《あいて》はゲリラ（少人数でおそってくる敵）とか

スパイだと言《い》われていましたけど、人間《にんげん》を殺《ころ》すというのは本当《ほんとう》におぞましい（おそろしくてぞっとする）ものです。殺《ころ》した人間《にんげん》はね、顔色《かおいろ》がみんな土色《つちいろ》になって帰《かえ》って来《き》ましたよ」と続《つづ》け、その後《ご》は、しばらく沈黙《ちんもく》してしまいました……。

そんなシンガポールでは、大東亜戦争《だいとうあせんそう》が欧米《おうべい》の植民地支配《しょくみんちしはい》を打《う》ち破《やぶ》ったと評価《ひょうか》していたゴー・チョクトン首相《しゅしょう》でさえ、その一方《いっぽう》で、「日本軍《にほんぐん》の占領《せんりょう》は残虐《ざんぎゃく》なものであった」と言《い》っています。

また、親日《しんにち》と言《い》われるインドネシアでも、日本軍《にほんぐん》がすべての物資《ぶっし》を統制下《とうせいか》に置《お》いて軍用優先《ぐんようゆうせん》としたため、現地人《げんちじん》の物資不足《ぶっしぶそく》が深刻化《しんこくか》したばかりか、村《むら》ごとにおける労務者《ろうむしゃ》（ロームシャ）の強制的《きょうせいてき》な徴用《ちょうよう》（強制的に人を集めて、働かせること）もあり、これらが一部《いちぶ》で抗日運動《こうにちうんどう》（日本に抵抗する運動）を起《お》こしたとも言《い》われています。それ以外《いがい》でも、たとえば日本《にほん》の憲兵《けんぺい》（軍隊の中の警察官）が現地人《げんちじん》に対《たい》して、場合《ばあい》によっては殴《なぐ》る蹴《け》るなどといった、相当《そうとう》に厳《きび》しい態度《たいど》で接《せっ》していたことが、現地人《げんちじん》に大《おお》きな反感《はんかん》を植《う》えつけることにもなりました。

もちろん、憲兵《けんぺい》は軍《ぐん》の兵士《へいし》からも大変《たいへん》に恐《おそ》れられた存在《そんざい》であり、現地人《げんちじん》だけに、ことさら厳《きび》しくしたわけではありません。しかし、武士《ぶし》階級《かいきゅう》の教育《きょういく》の延長線上《えんちょうせんじょう》で、体罰《たいばつ》を含《ふく》む厳《きび》しい教育《きょういく》の仕方《しかた》を受《う》け入《い》れやすかった日本《にほん》独自《どくじ》の文化《ぶんか》を、まったく別《べつ》の文化《ぶんか》においてそのまま持《も》ち込《こ》んでしまうことは、現地人《げんちじん》との信頼《しんらい》関係《かんけい》を作《つく》りあげるうえでは大《おお》きな障害《しょうがい》になることを、まだ日本《にほん》はよく理解《りかい》していなかったのでしょう。特《とく》に、日本《にほん》の軍隊《ぐんたい》では、兵隊《へいたい》を殴《なぐ》ることが日常《にちじょう》茶飯事《さはんじ》（めずらしくないこと）でありましたが、これは、多《おお》くの外国人《がいこくじん》には理解《りかい》できないものです。

日本軍《にほんぐん》が現地人《げんちじん》を殴《なぐ》るということについては、私《わたし》もパプアニューギニアの老人《ろうじん》たちやソマレ前《ぜん》首相《しゅしょう》から直接《ちょくせつ》、お話《はなし》を伺《うかが》っています。戦時中《せんじちゅう》、ニューギニア奥地《おくち》のセピック地方《ちほう》には日本軍《にほんぐん》が展開《てんかい》して（配置されて）おり、住民《じゅうみん》たちも日常的《にちじょうてき》に兵士《へいし》らと接《せっ》していました。その関係《かんけい》は、基本的《きほんてき》には極《きわ》めて良好《りょうこう》だったのですが、中《なか》には、日本《にほん》の軍人《ぐんじん》に殴《なぐ》られたという人《ひと》もいたのは確《たし》かです。

ただし、すべての日本軍人《にほんぐんじん》がすぐに手《て》を出《だ》したのではなく、その傾向《けいこう》は駐屯《ちゅうとん》（軍隊が、ある土地にとどまること）

する部隊長《ぶたいちょう》の性格《せいかく》に左右《さゆう》されることが多《おお》かったようでした。私《わたし》が直接話《ちょくせつはな》した数人《すうにん》の老人《ろうじん》は、その変化《へんか》を強《つよ》く感《かん》じたと言《い》っていました。

「最初《さいしょ》にいた日本軍《にほんぐん》のある部隊《ぶたい》は、とても住民《じゅうみん》に優《やさ》しかった。隊長《たいちょう》さんは、私《わたし》たち子供《こども》のことを、とてもかわいがってくれて、日本《にほん》の歌《うた》や踊《おど》りを教《おし》えてくれた。しかし、その部隊《ぶたい》が交代《こうたい》になり、新《あたら》しい部隊《ぶたい》がやって来《き》てからは、すべてが変《か》わった。新《あたら》しく来《き》た隊長《たいちょう》さんは、部下《ぶか》をよく殴《なぐ》る人《ひと》で、我々《われわれ》はその部下《ぶか》から、時々《ときどき》殴《なぐ》られるようになった」

ソマレ首相《しゅしょう》も、似《に》たようなお話《はなし》をしてくださいました。首相《しゅしょう》は、「最初《さいしょ》、日本兵《にほんへい》が我々《われわれ》を殴《なぐ》るので、びっくりした」とおっしゃりましたが、こうも付《つ》け加《くわ》えられました。

「でも、よく見《み》ているとね、実《じつ》は日本《にほん》の兵隊《へいたい》も、おたがいに殴《なぐ》り合《あ》っていたんだね。上官《じょうかん》が部下《ぶか》を殴《なぐ》っていたんだろうけれども、それで我々《われわれ》は、『ああ、自分《じぶん》たちだけじゃないんだな』とか、少《すく》なくとも『殴《なぐ》ることが日本《にほん》の軍隊《ぐんたい》の習慣《しゅうかん》らしい』ということは判《わか》った。もちろん、殴《なぐ》られて嬉《うれ》しい人《ひと》はいないけれどね」

日本軍《にほんぐん》が展開《てんかい》した地域《ちいき》には、ソマレ首相《しゅしょう》のように理解《りかい》の早《はや》い人《ひと》ばかりがいたわけではありません。私《わたし》たち日本人《にほんじん》だって、自分《じぶん》の土地《とち》にある日突然《ひとつぜん》やって来《き》た外国《がいこく》の軍人《ぐんじん》にいきなり殴《なぐ》られたとしたら、いくら「それが、その軍隊《ぐんたい》の習慣《しゅうかん》だから許《ゆる》してやれ」と言《い》われたところで、「冗談《じょうだん》じゃない!」と思《おも》うに違《ちが》いありません。

一部《いちぶ》の思《おも》い上《あ》がった傲慢《ごうまん》な（えらぶって、人をバカにする）兵士《へいし》や、文化的《ぶんかてき》な理解《りかい》を欠《か》いた接《せっ》し方《かた》によって、仲良《なかよ》くなれるはずの現地人《げんちじん》を敵《てき》に回《まわ》し、あるいは大多数《だいたすう》の日本人《にほんじん》が築《きず》いた親愛《しんあい》の情《じょう》が一瞬《いっしゅん》で消《け》されてしまうとしたら、これほどの損失《そんしつ》（損をすること）はないと言《い》えるでしょう。

このことは、今日《こんにち》の私《わたし》たちにも当《あ》てはまります。私《わたし》たち日本人《にほんじん》は幸《さいわ》い、世界《せかい》で最《もっと》もマナーのよい旅行者《りょこうしゃ》と見《み》なされていますが、それでも時々《ときどき》、外国《がいこく》の地《ち》で、現地人《げんちじん》に横柄《おうへい》な（いばって、えらそうな）態度《たいど》をとったりする愚《おろ》かな（かしこくない）人《ひと》はいます。

しかしそれでも、かつての日本軍兵士《にほんぐんへいし》の大半《たいはん》は、わずか四年弱《ねんじゃく》だけ進出《しんしゅつ》したに過《す》ぎないアジア太平洋地域《たいへいようちいき》の人々《ひとびと》と、親《した》しい関係《かんけい》を築《きず》きました。それが今日《こんにち》まで続《つづ》く、各国《かっこく》における強固《きょうこ》な親日感情《しんにちかんじょう》を作《つく》り上《あ》げているのです。それを、数百年《すうひゃくねん》におよぶ現地人《げんちじん》の奴隷化《どれいか》と、弾圧《だんあつ》や虐殺《ぎゃくさつ》、資源《しげん》の搾取《さくしゅ》などを行《おこな》ってきた欧米諸国《おうべいしょこく》や、今日《こんにち》もなおチベットやウイグルで現地《げんち》の住民《じゅうみん》を弾圧《だんあつ》している中国《ちゅうごく》、あるいは戦時中《せんじちゅう》に〝日本人《にほんじん》として〟一緒《いっしょ》に戦《たたか》っていた韓国《かんこく》あたりから、非難《ひなん》されるいわれはないのです。

かつての古《ふる》き良《よ》き日本人《にほんじん》の伝統《でんとう》は、現在《げんざい》の私《わたし》たちの中《なか》にも、しっかりと生《い》きています。例《たと》えば、中東《ちゅうとう》のイラクに派遣《はけん》された日本《にほん》の自衛隊員《じえいたいいん》たちは、イラク人《じん》を危険視《きけんし》して見下《みくだ》す他《た》の欧米《おうべい》諸国《しょこく》の軍隊《ぐんたい》とは違《ちが》い、作業《さぎょう》の時《とき》などは現地人《げんちじん》と一緒《いっしょ》に汗《あせ》をかき、一緒《いっしょ》に食事《しょくじ》をとったため、地元《じもと》との関係《かんけい》は非常《ひじょう》に良好《りょうこう》であったといいますし、自衛隊《じえいたい》が日本《にほん》に帰国《きこく》する時《とき》には、「帰《かえ》らないでほしい」といった意味《いみ》でのデモ（おおぜいの人が集まって自分たちの考えをしめそうとすること）さえ起《お》きたと言《い》います。

戦争《せんそう》プロパガンダとは何《なに》か

このように、多《おお》くの日本兵《にほんへい》がアジア太平洋地域《たいへいようちいき》の各国《かっこく》で現地人《げんちじん》らと良好《りょうこう》な関係《かんけい》を築《きず》いたという事実《じじつ》があるのに、それを、私《わたし》たち日本人自身《にほんじんじしん》がほとんど知《し》らないのは、なぜでしょうか？　その一方《いっぽう》で、なぜ私《わたし》たちの多《おお》くは、戦時中《せんじちゅう》に日本軍《にほんぐん》に対《たい》して欧米諸国《おうべいしょこく》や中国《ちゅうごく》・韓国《かんこく》の人々《ひとびと》が持《も》つような、ワンパターンな「悪《あく》のイメージ」を持《も》っているのでしょうか？　その理由《りゆう》は、私《わたし》たちが今日《こんにち》もなお、「戦争《せんそう》プロパガンダ」に洗脳《せんのう》（その人の考え方を、自分のつごうのいいように、変えてしまうこと）されているからです。

戦争《せんそう》プロパガンダとは、敵《てき》の戦《たたか》う意思《いし》をくじき、また敵《てき》の姿《すがた》を「非人間化《ひにんげんか》（人間ではないと考えること）」して悪魔《あくま》のように描《えが》き、自国《じこく》が危機《きき》に晒《さら》されているのでこのような敵《てき》と戦《たたか》わなくてはならないと思《おも》い込《こ》ませることで、国民《こくみん》を戦争《せんそう》に参加《さんか》させるための「宣伝《せんでん》」です。それらはラジオやテレビ、映画《えいが》、新聞《しんぶん》、広告《こうこく》などを通《つう》じて行《おこな》われます。「戦争《せんそう》が起《お》これば、最初《さいしょ》の犠牲者《ぎせいしゃ》は〝真実《しんじつ》〟である」

と言《い》ったのは、アメリカの上院議員《じょういんぎいん》ハイラム・ジョンソンですが、まさに戦争遂行《せんそうすいこう》（やりとげること）のために、ありとあらゆる真実《しんじつ》をねじ曲《ま》げるのが、プロパガンダなのです。

　アメリカは対日戦争《たいにちせんそう》において、この戦争《せんそう》プロパガンダを徹底的《てっていてき》に利用《りよう》しました。まず、日本人《にほんじん》というものを「非人間化《ひにんげんか》」し、完全《かんぜん》に「憎《にく》しみ」を煽《あお》る（いきおいを強める）形《かたち》でプロパガンダを行《おこな》いましたが、そこには「有色人種《ゆうしょくじんしゅ》（アジア人《じん》）」というものに対《たい》する人種的《じんしゅてき》な差別《さべつ》感情《かんじょう》や優越感《ゆうえつかん》が全面的《ぜんめんてき》に出《だ》されています。

　例《たと》えば、戦時中《せんじちゅう》のアメリカで作成《さくせい》されたある雑誌《ざっし》の表紙《ひょうし》には、勇《いさ》ましい海兵隊員《かいへいたいいん》が日本人《にほんじん》の顔《かお》をしたタコを火炎放射器《かえんほうしゃき》で焼《や》き殺《ころ》している絵《え》を載《の》せていますし、血《ち》まみれのナイフを持《も》った日本《にほん》の軍人《ぐんじん》が、アメリカ大陸《たいりく》を水平線《すいへいせん》の向《む》こうからから覗《のぞ》き込《こ》むものなどもあります。「アメリカを狙《ねら》っている悪《わる》い日本《にほん》」というイメージです。

それ以外《いがい》にも、美《うつく》しい女性《じょせい》と赤《あか》ちゃんに忍《しの》び寄《よ》るナチスと日本《にほん》の手《て》、裸《はだか》の白人女性《はくじんじょせい》の体《からだ》を逆《さか》さまに担《かつ》ぐ日本《にほん》の軍人《ぐんじん》、あるいは白人女性《はくじんじょせい》に背後《はいご》からナイフを突《つ》きつける日本軍人《にほんぐんじん》などです。

また、たいていの日本軍人《にほんぐんじん》は、眼鏡《めがね》をかけた細目《ほそめ》の出《で》っ歯《ぱ》という表情《ひょうじょう》で、一見《いっけん》して猿《さる》のように描《えが》かれており、「日本人《にほんじん》＝悪《わる》くてずるがしこい猿《さる》」といった、敵《てき》に対《たい》する明確《めいかく》なイメージで統一《とういつ》されていることが判《わか》ります。

このような日本人《にほんじん》のイメージばかり見《み》せられたアメリカ人《じん》たちは、やがて、「日本人《にほんじん》などは殺《ころ》してしまってもかまわない連中《れんちゅう》なのだ」と思《おも》い込《こ》むようになります。そしてそれが、実際《じっさい》の戦場《せんじょう》において多《おお》くの日本人捕虜《にほんじんほりょ》を虐殺《ぎゃくさつ》し、また二《ふた》つの原爆《げんばく》を含《ふく》む日本《にほん》の都市《とし》への無差別空襲《むさべつくうしゅう》や、戦闘機《せんとうき》で連日《れんじつ》のように日本《にほん》の民間人《みんかんじん》を追《お》いかけ回《まわ》すといった、アメリカ軍《ぐん》の狂気《きょうき》じみた（くるったような）戦《たたか》いのやり方《かた》につながっていったのです。

日本《にほん》の戦争《せんそう》プロパガンダは精神論《せいしんろん》？

もちろん、戦時中《せんじちゅう》はアメリカだけでなく、日本《にほん》も多《おお》くの戦争《せんそう》プロパガンダを作《つく》り出《だ》しました。

ただし日本《にほん》の場合《ばあい》は、どちらかというと「ガンバレ、ガンバレ」と連呼《れんこ》する応援歌《おうえんか》のようであり、内向《うちむ》きな精神論《せいしんろん》が中心《ちゅうしん》となっている場合《ばあい》が多《おお》く、アメリカのように、敵《てき》の姿《すがた》を明確《めいかく》にした

ものは、ほとんどありません。

戦時中《せんじちゅう》の日本《にほん》の戦争《せんそう》ポスターを見《み》ると、帝国陸海軍《ていこくりくかいぐん》の兵士《へいし》や、飛行機《ひこうき》、軍艦《ぐんかん》が陣形《じんけい》を組《く》んで行動《こうどう》するような凛々《りり》しい（きりりと引きしまっている様子）姿《すがた》のほか、「ぜいたくは敵《てき》だ！」「進《すす》め一億《おく》、火《ひ》の玉《たま》だ」「欲《ほ》しがり

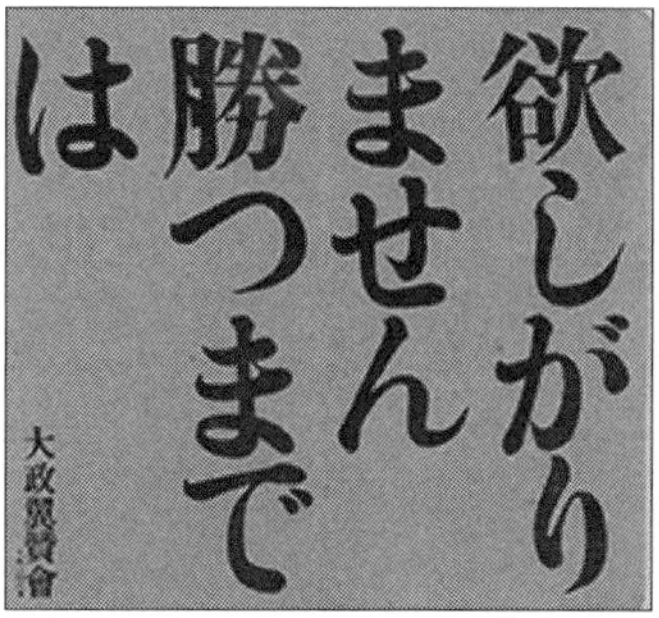

ません勝《か》つまでは」「足《た》らぬ足《た》らぬは工夫《くふう》が足《た》らぬ」などという、戦争《せんそう》によって生《しょう》じた物資不足《ぶっしぶそく》に、いかにして耐《た》えるかといった努力《どりょく》に焦点《しょうてん》が置《お》かれています。中《なか》には、「何《なに》がなんでもカボチャを作《つく》れ」というものまであります。

有名《ゆうめい》な、「撃《う》ちてし止《や》まむ（敵を倒すまでは攻撃をやめないぞ）」というスローガンなど、その敵《てき》が誰《だれ》なのかさえ判《わか》りません。

つまり、いかにして自分《じぶん》たちが頑張《がんば》るか、そして、勇《いさ》ましい軍人《ぐんじん》たちが、いかに苦《くる》しみに耐《た》えながら戦《たたか》っているのかを国民《こくみん》に知《し》らせて、「だから我々《われわれ》も、御国《おくに》のために一生懸命努力《いっしょうけんめいどりょく》し、汗《あせ》をかいて最後《さいご》まで頑張《がんば》らなければならない」と思《おも》わせるスローガンが多《おお》いのです。

これは、一昔前《ひとむかしまえ》まで中学校《ちゅうがっこう》や高校《こうこう》の体育会系《たいいくかいけい》クラブや、受験勉強《じゅけんべんきょう》の際《さい》によく叫《さけ》ばれていた

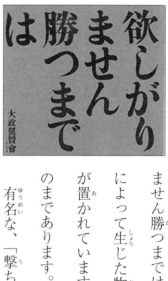

「根性主義《こんじょうしゅぎ》（スポ根《こん》＝スポーツ根性《こんじょう》もの）」ですね。例《たと》えば、「練習中《れんしゅうちゅう》に水《みず》を飲《の》む奴《やつ》はダメだ」とか「休憩《きゅうけい》を多《おお》く取《と》る奴《やつ》は強《つよ》くなれない」、あるいは「一日《にち》に四時間《じかん》以上《いじょう》睡眠《すいみん》をとる者《もの》は大学《だいがく》受験《じゅけん》に合格《ごうかく》しない」とかいうものです。

今《いま》は多少《たしょう》、時代《じだい》も変《か》わったかもしれませんが、私《わたし》が子供《こども》のころは、このような掛《か》け声《ごえ》が当《あ》たり前《まえ》のようになされていました。昔《むかし》から、日本人《にほんじん》の戦《たたか》い方《かた》というのは、競争相手《きょうそうあいて》や敵《てき》に対《たい》する意識《いしき》よりも、自分自身《じぶんじしん》を見《み》つめ直《なお》して追《お》い込《こ》むといった、内省的《ないせいてき》な（心の中で振りかえって考えるような）ものが多《おお》いのです。

もちろん日本側《にほんがわ》にも「鬼畜米英《きちくべいえい》（鬼やケダモノのようなアメリカとイギリス）」というスローガンはありましたし、「アメリカ人《じん》をぶち殺《ころ》せ」と書《か》いた婦人雑誌《ふじんざっし》などもありますが、アメリカのプロパガンダのように、敵《てき》を非人間化《ひにんげんか》して描《えが》くようなものが少《すく》なく、明確《めいかく》な敵《てき》のイメージが全体的《ぜんたいてき》にあまりないのです。

そのせいで、多《おお》くの日本軍《にほんぐん》の兵士《へいし》たちも、ぼんやりとした「敵《てき》」というイメージ以外《いがい》には、「アメリカ」「イギリス」といった程度《ていど》の感覚《かんかく》しか持《も》っておらず、私《わたし》が取材《しゅざい》した元兵士《もとへいし》の中《なか》にも、実《じつ》はオーストラリア軍《ぐん》と戦《たたか》っていたのに、自分《じぶん》はアメリカ軍《ぐん》と戦《たたか》っていたと思《おも》っていた人《ひと》がいました。

つまり日本《にほん》のプロパガンダ戦略《せんりゃく》は、アメリカなどに比《くら》べても非常《ひじょう》に弱《よわ》いのですが、しかしこの程度《ていど》の宣伝《せんでん》でも、当時《とうじ》の日本人《にほんじん》は必死《ひっし》に戦《たたか》い、働《はたら》くことができたのです。つまり、日本人《にほんじん》は善《よ》くも悪《わる》くもお人好《ひとよ》し（おとなしくて、だまされやすい善良な人）であり、政府《せいふ》とか大手《おおて》メディアが流《なが》す情報《じょうほう》を、そっくりそのまま、疑《うたが》うことなく信《しん》じてしまう傾向《けいこう》があるのかもしれません。

戦後日本人《せんごにほんじん》の意識《いしき》を変《か》えたＧＨＱの強力《きょうりょく》な洗脳工作《せんのうこうさく》

プロパガンダ戦略《せんりゃく》がうまく、今日《こんにち》も広告宣伝《こうこくせんでん》の技術《ぎじゅつ》で世界《せかい》の最先端《さいせんたん》を行《い》くアメリカにしてみれば、このような、プロパガンダに対《たい》する耐性《たいせい》（抵抗する力）がない日本人《にほんじん》を一気《いっき》に洗脳《せんのう》してしまうのは、それほど難《むずか》しいことではなかったに違《ちが》いありません。そして、実際《じっさい》にアメリカは、戦後《せんご》の日本人《にほんじん》を洗脳《せんのう》するために、徹底的《てっていてき》な工作《こうさく》（ある目的のために、計画的にはたらきかけること）を行《おこな》いました。

大東亜戦争《だいとうあせんそう》のあと日本《にほん》にやって来《き》た、アメリカを中心《ちゅうしん》とする連合国軍《れんごうこくぐん》は、マッカーサー司令部《しれいぶ》（ＧＨＱ）を中心《ちゅうしん》として、日本国民《にほんこくみん》に罪《つみ》の意識《いしき》を植《う》えつけるための、大掛《おおが》かりな「対日《たいにち》心理作戦《しんりさくせん》」を開始《かいし》しました。今《いま》では、かなり知《し》られるようになった「ウォー・ギルト・インフォメーション・プログラム（ＷＧＩＰ）」です。

ＧＨＱはまず、『真相《しんそう》はかうだ』というラジオ番組《ばんぐみ》を制作《せいさく》して、日本人《にほんじん》による制作《せいさく》だと国民《こくみん》に信《しん》じ込《こ》ませるためＮＨＫに流《なが》させました。その番組《ばんぐみ》は、銃声《じゅうせい》や人《ひと》の叫《さけ》び声《ごえ》といった不気味《ぶきみ》な効果音《こうかおん》と共《とも》に、日本《にほん》の戦争《せんそう》の真相《しんそう》をお教《おし》えしましょう、といった形《かたち》で様々《さまざま》な嘘《うそ》の情報《じょうほう》を流《なが》し、東條英機元首相《とうじょうひできもとしゅしょう》や日本《にほん》の軍部《ぐんぶ》（陸海軍の全体をさす言葉）などが、いかに悪《わる》い存在《そんざい》であるかを日本人自身《にほんじんじしん》の口《くち》で語《かた》らせました。

ダグラス・マッカーサー

また、日本軍《にほんぐん》が三〇万人《まんにん》を殺害《さつがい》したとされる「南京大虐殺《ナンキンだいぎゃくさつ》」については、「大虐殺《だいぎゃくさつ》。南京《ナンキン》では一度《いちど》や二度《にど》ではない。何千回《なんぜんかい》となく行《おこな》われたんだ」という形《かたち》で紹介《しょうかい》、新聞《しんぶん》はそうした嘘《うそ》の情報《じょうほう》を、後追《あとお》いで「事実《じじつ》」として報道《ほうどう》しました。まさに国民洗脳《こくみんせんのう》のための徹底的《てっていてき》なプロパガンダ戦略《せんりゃく》です。

もちろん、こうした洗脳工作《せんのうこうさく》に対《たい》して、当時《とうじ》の日本人《にほんじん》たちも相当《そうとう》に抵抗《ていこう》したようです。多《おお》くの嘘《うそ》を織《お》り交《ま》ぜたこのラジオ番組《ばんぐみ》を放送《ほうそう》するNHKに対《たい》しては、抗議《こうぎ》の手紙《てがみ》が殺到《さっとう》したと言《い》います。しかし、学校《がっこう》では、GHQの日本人洗脳《にほんじんせんのう》(反日《はんにち》)プロパガンダをそのまま教師《きょうし》が受《う》け入《い》れる形《かたち》で子供《こども》たちに教育《きょういく》し、それが今日《こんにち》もなお続《つづ》いているのです。

その結果《けっか》、日本国民《にほんこくみん》の大半《たいはん》は徐々《じょじょ》に洗脳《せんのう》され、やがては、国《くに》とか政治《せいじ》、歴史《れきし》、社会問題《しゃかいもんだい》といったものに興味《きょうみ》を失《うしな》い、自分《じぶん》の趣味《しゅみ》や快楽《かいらく》(欲望をみたすような楽しみ)にしか興味《きょうみ》のない、軟弱《なんじゃく》(ひよわ)な人間《にんげん》を大量《たいりょう》に作《つく》り上《あ》げたのです。

このように見《み》れば、「新聞《しんぶん》やテレビのニュースで言《い》っているからというだけの理由《りゆう》で、すべてを信《しん》じてはいけないのだ」ということが判《わか》るはずです。マスコミは、できるだけ事実《じじつ》を報道《ほうどう》しようとはしていますが、政治《せいじ》や歴史問題《れきしもんだい》については、誰《だれ》かの都合《つごう》のよいようにねじ曲《ま》げられた、明《あき》らかな嘘《うそ》を報道《ほうどう》することもあるのです。

すべてはＧＨＱの洗脳工作《せんのうこうさく》とその後遺症《こういしょう》のせいですが、今日《こんにち》も根強《ねづよ》く残《のこ》っている、その最大《さいだい》のものが、次章《じしょう》で説明《せつめい》する「南京大虐殺《ナンキンだいぎゃくさつ》の三〇万人殺害《まんにんさつがい》」説《せつ》であり、あるいは「従軍慰安婦《じゅうぐんいあんふ》の強制連行《きょうせいれんこう》」説《せつ》といった、捏造《ねつぞう》（本当ではないことを本当のように作りあげること）された戦争犯罪《せんそうはんざい》なのです。

第《だい》四章《しょう》　日本《にほん》による戦争犯罪《せんそうはんざい》の真実《しんじつ》

私《わたし》は一九二八年《ねん》から一九四五年《ねん》までの十七年間《ねんかん》の歴史《れきし》を二年《ねん》七カ月《げつ》かかって調《しら》べた。この中《なか》には、おそらく日本人《にほんじん》の知《し》らなかった問題《もんだい》もある。それを、私《わたし》は判決文《はんけつぶん》の中《なか》に綴《つづ》った。その私《わたし》の歴史《れきし》を読《よ》めば、欧米《おうべい》こそ憎《にく》むべきアジア侵略《しんりゃく》の張本人《ちょうほんにん》であることがわかるはずだ。それなのに、あなたがたは自分《じぶん》らの子弟《してい》に、「日本《にほん》は犯罪《はんざい》を犯《おか》したのだ」「日本《にほん》は侵略《しんりゃく》の暴挙《ぼうきょ》を敢《あ》えてしたのだ」と教《おし》えている。（中略《ちゅうりゃく》）あやまられた彼《かれ》らの宣伝《せんでん》を払拭《ふっしょく》せよ。あやまられた歴史《れきし》は、書《か》き換《か》えなければならない。

——極東国際軍事裁判《きょくとうこくさいぐんじさいばん》インド代表判事《だいひょうはんじ》　ラダ・ビノード・パール（昭和《しょうわ》二七年《ねん》、広島高等裁判所《ひろしまこうとうさいばんしょ》での講演《こうえん》）

日本《にほん》の歴史教科書《れきしきょうかしょ》が教《おし》える「南京大虐殺《ナンキンだいぎゃくさつ》」

皆《みな》さんも、学校《がっこう》の歴史《れきし》の教科書《きょうかしょ》で「南京大虐殺《ナンキンだいぎゃくさつ》」と呼《よ》ばれるものを勉強《べんきょう》したことがあるかと思《おも》います。一九三七年《ねん》に中国《ちゅうごく》の南京《ナンキン》で日本軍《にほんぐん》が行《おこな》ったとされる大量殺人事件《たいりょうさつじんじけん》です。日本《にほん》で最《もっと》も多《おお》く使《つか》われている山川出版《やまかわしゅっぱん》の歴史教科書《れきしきょうかしょ》（二〇〇四年版）では、以下《いか》のように記述《きじゅつ》されています。

「南京《ナンキン》を完全《かんぜん》に包囲《ほうい》して中国軍《ちゅうごくぐん》を殲滅《せんめつ》（皆殺し）する作戦《さくせん》をとった日本軍《にほんぐん》は、一二月《がつ》一三日《にち》に南京《ナンキン》を占領《せんりょう》し、ひきつづいて市内《しない》の掃討戦《そうとうせん》（残留する敵軍をすっかり撃ちはらう作戦）をおこなった。このあいだに日本軍《にほんぐん》は大量《たいりょう》の市民《しみん》を虐殺《ぎゃくさつ》したのをはじめ、女性《じょせい》への暴行《ぼうこう》、放火《ほうか》、略奪《りゃくだつ》などの残虐行為《ざんぎゃくこうい》をくりかえした（南京大虐殺事件《ナンキンだいぎゃくさつじけん》）」

一方《いっぽう》で、中国共産党《ちゅうごくきょうさんとう》が今日主張《こんにちしゅちょう》する「南京大虐殺《ナンキンだいぎゃくさつ》」とは、一九三七年《ねん》一二月《がつ》に南京《ナンキン》を占領《せんりょう》した日本軍《にほんぐん》が、その後《ご》六週間《しゅうかん》ほどで、女子供《おんなこども》を含《ふく》む〝三〇万人《まんにん》〟以上《いじょう》の中国人《ちゅうごくじん》を虐殺《ぎゃくさつ》したというものです。

殺害《さつがい》された人《ひと》の数《かず》もさることながら、その内容自体《ないようじたい》が非常《ひじょう》に凄惨《せいさん》（むごたらしい様子）であり、たとえば、日本兵《にほんへい》は妊婦《にんぷ》のお腹《なか》を裂《さ》き、中《なか》から赤《あか》ちゃんを取《と》り出《だ》して火《ひ》の中《なか》に放《ほう》り込《こ》んだとか、空中《くうちゅう》に投《な》げて、落《お》ちて来《く》る赤《あか》ん坊《ぼう》を銃剣《じゅうけん》で突《つ》き刺《さ》した、というようなことが語《かた》られています。これが本当《ほんとう》であれば、日本軍《にほんぐん》は実《じつ》に恥《は》ずべき（恥ずかしい）犯罪《はんざい》を犯《おか》してしまったことになります。

しかし、戦時中《せんじちゅう》の日本人《にほんじん》は、実際《じっさい》に南京《ナンキン》での戦闘《せんとう》に参加《さんか》した多《おお》くの兵士《へいし》も含《ふく》めて、日本軍《にほんぐん》がこのように大量《たいりょう》の民間人《みんかんじん》を虐殺《ぎゃくさつ》したなどということを、まったく知《し》りませんでした。実《じつ》のところ日本人《にほんじん》は、この「南京事件《ナンキンじけん》」というものを、戦後《せんご》の東京裁判《とうきょうさいばん》において初《はじ》めて知《し》らされたのです。そして、その後《ご》に行《おこな》われたＧＨＱによるメディアや教育界《きょういくかい》を通《つう》じた洗脳工作《せんのうこうさく》により、戦後《せんご》育《そだ》ちの日本人《にほんじん》は皆《みな》、こうした日本軍兵士《にほんぐんへいし》による残酷《ざんこく》な犯罪行為《はんざいこうい》を、教科書《きょうかしょ》や学校《がっこう》の授業《じゅぎょう》で繰《く》り返《かえ》し「真実《しんじつ》」として今日《こんにち》まで教《おし》えられてきたのです。

しかし、所謂《いわゆる》この「南京大虐殺《ナンキンだいぎゃくさつ》」には、多《おお》くの矛盾点《むじゅんてん》（つじつまが合わない点）があります。まず、信頼《しんらい》することのできる目撃証言《もくげきしょうげん》が、まったくないのです。

当時《とうじ》の南京《ナンキン》には、日本軍《にほんぐん》と国民党軍《こくみんとうぐん》の戦闘《せんとう》から逃《に》げてきた難民《なんみん》たちを収容《しゅうよう》するための

「安全区《あんぜんく》」が設定《せってい》されており、欧米系《おうべいけい》の外国人《がいこくじん》を含《ふく》めた「国際委員会《こくさいいいんかい》」というものが設置《せっち》されていました。この国際委員会《こくさいいいんかい》の活動《かつどう》は、南京《ナンキン》陥落《かんらく》（城などが、攻め落とされること）の翌々年《よくよくねん》の一九三九年《ねん》に国民《こくみん》政府《せいふ》の設《もう》けた「国際問題研究所《こくさいもんだいけんきゅうじょ》」が監修《かんしゅう》するという形《かたち》で、『南京《ナンキン》安全区文書《あんぜんくぶんしょ》（Documents of the Nanking Safety Zone）』として、上海《シャンハイ》にあるイギリス系《けい》の出版社《しゅっぱんしゃ》から刊行《かんこう》されています。

この本《ほん》の中《なか》には「日本軍《にほんぐん》の犯罪《はんざい》」なるものが詳細《しょうさい》に書《か》かれているのですが、その中《なか》には、殺人事件《さつじんじけん》は二六件《けん》しか記録《きろく》されておらず、しかも実際《じっさい》に目撃《もくげき》されたものは、わずかに一件《けん》しかないのです。しかもその一件《けん》も「合法的殺害《ごうほうてきさつがい》」であるとされています。つまり、三〇万人《まんにん》もの大量《たいりょう》の人間《にんげん》が、わずか六週間《しゅうかん》の間《あいだ》に、決《けっ》して広《ひろ》くはない南京《ナンキン》市内《しない》で連日殺害《れんじつさつがい》されているにも関《かか》わらず、誰《だれ》もそれを「見《み》ていない」のです。

前掲《ぜんけい》の山川出版《やまかわしゅっぱん》の教科書《きょうかしょ》では、「この事件《じけん》は、南京《ナンキン》にいた外国人《がいこくじん》ジャーナリストや外交官《がいこうかん》を通《つう》じて世界《せかい》に報道《ほうどう》されて、国際的《こくさいてき》な非難《ひなん》をあびた。日本《にほん》の政府《せいふ》と軍部《ぐんぶ》の指導者《しどうしゃ》は南京《ナンキン》事件《じけん》の情報《じょうほう》をえていたが、一般《いっぱん》の日本《にほん》国民《こくみん》には厳重《げんじゅう》な言論《げんろん》・報道《ほうどう》統制《とうせい》によりその事実《じじつ》を知《し》らさなかった」という注釈《ちゅうしゃく》まで付《つ》けられているのですが、当時《とうじ》の日本《にほん》政府《せいふ》に対《たい》して、南京《ナンキン》における大虐殺《だいぎゃくさつ》に関《かん》する国際《こくさい》世論《せろん》が集《あつ》まったという事実《じじつ》など、まったくありません。

当時《とうじ》南京《ナンキン》で日本軍《にほんぐん》と直接《ちょくせつ》戦《たたか》っていたのは、蒋介石《しょうかいせき》の率《ひき》いる国民党軍《こくみんとうぐん》でしたが、彼《かれ》らは日本軍《にほんぐん》が南京《ナンキン》を攻撃《こうげき》した一九三七年《ねん》一二月《がつ》から翌《よく》三八年《ねん》一〇月《がつ》まで、漢口《かんこう》というところで三〇〇回《かい》もの記者《きしゃ》会見《かいけん》を行《おこな》い、平均《へいきん》して毎回《まいかい》三五人《にん》ほどの外国人《がいこくじん》ジャーナリストや外国《がいこく》大使館員《たいしかんいん》などが集《あつ》まってそれを聞《き》いていましたが、そこでは、一度《いちど》たりとも、南京《ナンキン》での日本軍《にほんぐん》による一般《いっぱん》市民《しみん》の大虐殺《だいぎゃくさつ》があったことなど述《の》べていません。

日本軍《にほんぐん》に攻《せ》められている彼《かれ》らにとって、これらの記者《きしゃ》会見《かいけん》は、外国人《がいこくじん》に対《たい》して自《みずか》らの窮状《きゅうじょう》（困っている状態）を訴《うった》え、日本軍《にほんぐん》の「悪魔《あくま》ぶり」をアピールできる最大《さいだい》のチャンスのはずです。それなのに、三〇〇回《かい》も記者《きしゃ》会見《かいけん》をやって、一度《いちど》も南京大虐殺《ナンキンだいぎゃくさつ》なるものについて述《の》べていない。つまり、日本《にほん》の教科書《きょうかしょ》は今日《こんにち》でも、日本《にほん》の若者《わかもの》に対《たい》し、完全《かんぜん》なるデマ（うそ）を教《おし》え込《こ》んでいるのです。

この件《けん》ではまた、殺害《さつがい》されたとする人間《にんげん》の数《かず》が誇大《こだい》（実際以上に大げさなこと）すぎるのも問題《もんだい》です。前掲《ぜんけい》の『南京安全区文書《ナンキンあんぜんくぶんしょ》』によると、日本軍《にほんぐん》が攻撃《こうげき》する直前《ちょくぜん》の南京《ナンキン》市内《しない》の人口《じんこう》は二〇万《まん》に過《す》ぎません。これは中国側《ちゅうごくがわ》が作成《さくせい》した資料《しりょう》です。それどころか、占領《せんりょう》から一カ月《げつ》が経《た》った一九三八年《ねん》一月《がつ》には、なんとその人口《じんこう》が二五万人《まんにん》に「増加《ぞうか》した」という事実《じじつ》が記録《きろく》されているのです。

つまり、日本軍《にほんぐん》と国民党軍《こくみんとうぐん》の戦闘《せんとう》が終結《しゅうけつ》し、南京《ナンキン》市内《しない》の治安《ちあん》が保《たも》たれて平和《へいわ》になったので、郊外《こうがい》に逃《に》げていた避難民《ひなんみん》たちが市内《しない》に戻《もど》ってきたと考《かんが》えられるわけですが、そんなところで、どうやって三〇万人《まんにん》もの人間《にんげん》を虐殺《ぎゃくさつ》することができるのでしょうか？　にもかかわらず、最近《さいきん》では、その犠牲者《ぎせいしゃ》の数《かず》はますます増《ふ》えて、四〇万人《まんにん》とさえ言《い》われることもあります。

その他《ほか》にも、亜細亜大学《あじあだいがく》の東中野《ひがしなかの》修道《しゅうどう》教授《きょうじゅ》による徹底的《てっていてき》な調査《ちょうさ》によって、これまで中国《ちゅうごく》共産党《きょうさんとう》や海外《かいがい》メディア、そして日本《にほん》国内《こくない》の新聞《しんぶん》や雑誌《ざっし》、書籍《しょせき》などで「南京大虐殺《ナンキンだいぎゃくさつ》の証拠《しょうこ》」として使《つか》われてきた一四三枚《まい》の写真《しゃしん》のすべてに、何《なん》らかの加工《かこう》された跡《あと》や、事実《じじつ》とは異《こと》なる点《てん》があることが明《あき》らかになっています。つまり、すべて「ニセモノ」であったということですが、これまで日本人《にほんじん》は、そうした写真《しゃしん》を「真実《しんじつ》」として信《しん》じてきました。

誰《だれ》かに殺《ころ》された人々《ひとびと》の、無惨《むざん》な（むごたらしい）姿《すがた》が写《うつ》る写真《しゃしん》に「それらしい」説明書《せつめいが》きを加《くわ》えることで、人間《にんげん》は簡単《かんたん》に騙《だま》されてしまうということです。

荒唐無稽《こうとうむけい》な虐殺話《ぎゃくさつばなし》

少《すこ》し前《まえ》のアメリカでは、中国系《ちゅうごくけい》アメリカ人《じん》の女性作家《じょせいさっか》アイリス・チャン氏《し》が『レイプ・オブ・南京《ナンキン》』という本《ほん》を出《だ》し、いくつかの外国語《がいこくご》に訳《やく》されるといったこともありました。この本《ほん》には、当時《とうじ》の日本兵《にほんへい》が南京《ナンキン》の一般市民《いっぱんしみん》に対《たい》し、生《い》きたまま穴《あな》に埋《う》め、性器《せいき》や臓器《ぞうき》を切《き》り取《と》り、鉄《てつ》のフックを舌《した》に打《う》ち込《こ》んで人間《にんげん》を吊《つる》し、あるいは、腰《こし》のあたりまで人間《にんげん》を地面《じめん》に埋《う》めて、犬《いぬ》がそれを食《く》らうのを見物《けんぶつ》したり、生《い》きたまま壁《かべ》に釘《くぎ》で打《う》ちつけたり、という、実《じつ》におぞましい方法《ほうほう》で、約《やく》二六万人《まんにん》から三五万人《まんにん》を虐殺《ぎゃくさつ》したと書《か》かれています。

また、女性《じょせい》の胸《むね》を刃物《はもの》で切《き》り取《と》ったりするなどの行為《こうい》を含《ふく》めて、二万人《まんにん》から八万人《まんにん》の女性《じょせい》に乱暴《らんぼう》をした、などとも書《か》かれていますが、これらの殺害方法《さつがいほうほう》は、すべて「被害者《ひがいしゃ》からの聞《き》き取《と》り」となっていて、まったく信憑性《しんぴょうせい》（ものごとを、信頼できる程度のこと）を欠《か》いています。

先《さき》ほどの、シンガポールで華僑《かきょう》を殺害《さつがい》したと告白《こくはく》した元日本兵《もとにほんへい》の方《かた》でさえ、「南京《ナンキン》で大虐殺《だいぎゃくさつ》があったなどと言《い》われているが、そんなことはあるわけない。人間《にんげん》を一人《ひとり》殺《ころ》すのだって大変《たいへん》なのに、わずか短《みじか》い期間《きかん》で何《なん》十万人《まんにん》もの人《ひと》を殺《ころ》すことなんか、できるわけがない。そもそも、その遺体《いたい》を処分《しょぶん》するのだって大変《たいへん》でしょう」と言《い》っていましたが、確《たし》かに、地面《じめん》の土《つち》さえ凍《こお》るような真冬《まふゆ》の南京《ナンキン》で、三〇万人《まんにん》を埋葬《まいそう》（死んだ人の体や骨を土にうめること）するのは大変《たいへん》な作業《さぎょう》です。

もちろん、南京《ナンキン》では一切《いっさい》の殺人《さつじん》がなかった、ということではありません。戦闘《せんとう》では日本《にほん》と中国《ちゅうごく》の両方《りょうほう》に多《おお》くの死傷者《ししょうしゃ》が出《で》ましたし、戦闘《せんとう》が終了《しゅうりょう》した後《あと》は、逃《に》げ遅《おく》れたために民間人《みんかんじん》を襲《おそ》ってその服《ふく》を着込《きこ》んだ国民党軍《こくみんとうぐん》の兵士《へいし》（便衣兵《べんいへい》と言《い》います）によって、多《おお》くの強盗《ごうとう》や殺人《さつじん》、婦女暴行《ふじょぼうこう》などが発生《はっせい》しました。もちろん、それら便衣兵《べんいへい》の活動《かつどう》は戦時国際法違反《せんじこくさいほういはん》（軍人は敵と戦う際に、かならず軍服を着ていなければならない）ですので、日本軍《にほんぐん》はこれらのゲリラ兵《へい》を犯罪者《はんざいしゃ》と見《み》なして逮捕《たいほ》し、一部《いちぶ》で処刑《しょけい》をしています。そしてこの処刑《しょけい》は、国際法《こくさいほう》の観点《かんてん》から見《み》ても「合法《ごうほう》」なのです。

一方《いっぽう》で、一部《いちぶ》の日本兵《にほんへい》が犯罪行為《はんざいこうい》を行《おこな》ったこともあったでしょう。どこの軍隊《ぐんたい》にも、不良《ふりょう》兵士《へいし》はいるものであり、そういった連中《れんちゅう》を取《と》り締《し》まるために、憲兵隊《けんぺいたい》というものが存在《そんざい》します。

そして、それらの不良兵士《ふりょうへいし》は当然《とうぜん》、逮捕《たいほ》の対象《たいしょう》となっていました。

犯罪《はんざい》は、どの軍隊《ぐんたい》でも発生《はっせい》します。今日《こんにち》でさえ、自衛隊員《じえいたいいん》は時《とき》おり犯罪《はんざい》を犯《おか》しますし、アメリカ軍《ぐん》の兵士《へいし》やロシア軍《ぐん》、中国軍《ちゅうごくぐん》、韓国軍《かんこくぐん》、フランス軍《ぐん》、イギリス軍《ぐん》など、どの国《くに》の軍隊《ぐんたい》を見《み》回《まわ》しても、犯罪者《はんざいしゃ》を一人《ひとり》も出《だ》さない軍隊《ぐんたい》など存在《そんざい》しません。しかし、三〇万《まん》もの人々《ひとびと》を日本軍《にほんぐん》

松井石根

孫文

が組織的《そしきてき》に殺害《さつがい》したなど、荒唐無稽《こうとうむけい》（でたらめな、ありえないこと）すぎる話《はなし》なのです。

また、当時《とうじ》南京《ナンキン》を攻略《こうりゃく》していた日本陸軍《にほんりくぐん》の部隊司令官《ぶたいしれいかん》が、実《じつ》は中国《ちゅうごく》に対《たい》する愛着《あいちゃく》を持《も》ち、その歴史《れきし》や哲学《てつがく》、文学《ぶんがく》に深《ふか》い造詣《ぞうけい》（すぐれた理解や知識）を持《も》っていた松井石根大将《まついいわねたいしょう》という人物《じんぶつ》であったことも、記憶《きおく》されるべきでしょう。

松井将軍《まついしょうぐん》は、中国語《ちゅうごくご》に堪能《たんのう》な（すぐれている）陸軍《りくぐん》きっての中国通《ちゅうごくつう》であり、中華民国建国《ちゅうかみんこくけんこく》の父《ちち》・孫文《そんぶん》とも厚《あつ》い親交《しんこう》を結《むす》んでいた人物《じんぶつ》で、何《なん》とかアジアを欧米列強《おうべいれっきょう》の支配《しはい》から脱却《だっきゃく》（このましくない状態から、のがれること）させ、その民族自決《みんぞくじけつ》を実現《じつげん》するためにも、日本《にほん》と中国《ちゅうごく》は絶対《ぜったい》に仲良《なかよ》くしなければならない、と考《かんが》えていた人《ひと》でした。

とにかく国際法《こくさいほう》を遵守《じゅんしゅ》せよ（きちんと守れ）、と厳《きび》しく言《い》い続《つづ》けていた将軍《しょうぐん》であり、南京《ナンキン》の攻略《こうりゃく》を担当《たんとう》する「上海派遣軍《シャンハイはけんぐん》」の司令官《しれいかん》に任《にん》じられた際《さい》には、「上海付近《シャンハイふきん》の戦闘《せんとう》は、我《わ》が軍《ぐん》に攻撃《こうげき》を仕掛《しか》けてくる敵軍《てきぐん》とのものであり、周辺《しゅうへん》の中国《ちゅうごく》の人々《ひとびと》に対《たい》しては、できるだけ親切《しんせつ》にすること」

ご愛読ありがとうございます（アンケートにご協力お願いいたします）

●ご購入いただいた書籍名は？

●本書を何で知りましたか？

① 書店で見て　② 新聞広告（紙名　）

③ SNS等　④ その他（　）

●購入された理由は？

①著者　②タイトルや装幀　③興味あるジャンル・内容　④人から薦められて

⑤ネットでの紹介・評価　⑥その他（　）

NEWSLETTER　不定期に新刊案内やさまざまな情報をお届けいたします

@ gmail.com　icloud.com　yahoo.co.jp　hotmail.com　outlook.com　（　）

こちらからも かんたん登録

ご意見・著者へのメッセージなどございましたらお願いいたします

ありがとうございました

※お客様の個人情報は、個人情報に関する法令を遵守し、適正にお取り扱いいたします。
ご注文いただいた商品の発送、その他お客様へ弊社及び発送代行からの商品・サービスのご案内をお送りすることのみに使用させていただきます。第三者に開示・提供することはありません。

郵便はがき

料金受取人払郵便

豊島局承認

5574

差出有効期間
2026年9月30日
まで

1708780

143

東京都豊島区池袋3-9-23

ハート出版

① 書籍注文 係
② ご意見・メッセージ 係（裏面お使い下さい）

〒

ご住所		
お名前		女・男 歳
電　話	－　－	

注文書

ご注文には電話番号が**必須**となりますので、ご記入願います。
お届けは**佐川急便**の「**代金引換**」となります。**代引送料￥600円＋税（代引手数料込）。**
離島は日本郵便で、別途**追加料金**がかかる場合がございます。

	冊
	冊
	冊

といった内容《ないよう》の訓示《くんじ》（上の人が下の人に教えしめす言葉）を部下《ぶか》たちに下《くだ》しています。

そんな松井大将《まついたいしょう》が率《ひき》いる日本軍《にほんぐん》は、南京《ナンキン》に向《む》かう途中《とちゅう》で多《おお》くの食料《しょくりょう》や物資《ぶっし》を地元民《じもとみん》から強奪《ごうだつ》したなどと言《い》われていますが、私《わたし》が以前《いぜん》、この上海派遣軍《シャンハイはけんぐん》の一員《いちいん》であったという兵士《へいし》に取材《しゅざい》をしたところ、その方《かた》は、南京《ナンキン》へ向《む》かう途中《とちゅう》の地域《ちいき》の住民《じゅうみん》たちは、皆《みな》どこかに逃《に》げてしまって、ほとんどの村《むら》が無人《むじん》であったとおっしゃっていました。

南京に入城する日本軍

そして、そんな村々《むらむら》に残《のこ》されていたものの多《おお》くは、汚《きたな》くて割《わ》れたような茶碗《ちゃわん》とか箸《はし》、煤《すす》だらけの調理器具《ちょうりきぐ》、臭《くさ》くて薄汚《うすよご》れた衣類《いるい》や布団《ふとん》などしかなく、すでに三〇キロから四〇キロもの重《おも》い荷物《にもつ》を担《かつ》いでいる兵士《へいし》たちは誰《だれ》一人《ひとり》として、そんなガラクタを盗《ぬす》んでさらに荷物《にもつ》の重量《じゅうりょう》を増《ふ》やしたいなどとは思《おも》わなかった、と言《い》います。

また、もし南京市内《ナンキンしない》で何《なん》十万《まん》もの人々《ひとびと》が虐殺《ぎゃくさつ》され、あるいは乱暴《らんぼう》されたのだとしたら、地元民《じもとみん》は日本人《にほんじん》に対《たい》して強烈《きょうれつ》な憎《にく》しみを抱《いだ》いているはずです。しかし、そんな話《はなし》も聞《き》こえてくることはありません。

例《たと》えば、名古屋《なごや》市長《しちょう》の河村《かわむら》たかし氏《し》の父《ちち》は、戦争中《せんそうちゅう》は中国戦線《ちゅうごくせんせん》で戦《たたか》っており、南京《ナンキン》で終戦《しゅうせん》を迎《むか》えて武装《ぶそう》解除《かいじょ》となりましたが、その当時《とうじ》、地元民《じもとみん》から大変《たいへん》に温《あたた》かいもてなしを受《う》けていたといいます。そのわずか八年前《ねんまえ》に、自分《じぶん》たちの親兄弟《おやきょうだい》を大量《たいりょう》に殺害《さつがい》したはずの日本人《にほんじん》に対《たい》する態度《たいど》とは、とても思《おも》えませんね。

一方《いっぽう》、石平《せきへい》さんという中国《ちゅうごく》・四川省《しせんしょう》出身《しゅっしん》の評論家《ひょうろんか》は、二六歳《さい》まで中国《ちゅうごく》に住《す》んでいましたが、小学校《しょうがっこう》から高校生《こうこうせい》までの間《あいだ》、学校《がっこう》の授業《じゅぎょう》などで南京虐殺《ナンキンぎゃくさつ》の話《はなし》など一度《いちど》も聞《き》いたことがないと言《い》い、「南京虐殺《ナンキンぎゃくさつ》は一〇〇パーセント嘘《うそ》」と、おっしゃっています。

実《じつ》は、現在《げんざい》の中華人民共和国《ちゅうかじんみんきょうわこく》を作《つく》った毛沢東《もうたくとう》も、その人生《じんせい》で一度《いちど》も、南京大虐殺《ナンキンだいぎゃくさつ》について述《の》べたことはありませんでした。それどころか、戦後《せんご》に中国《ちゅうごく》を訪問《ほうもん》した旧日本軍《きゅうにほんぐん》の将校《しょうこう》たちに対《たい》

毛沢東

し、「あなたたちは、我々《われわれ》の先生《せんせい》です。我々《われわれ》は、あなたたちに感謝《かんしゃ》しなければなりません。まさに、あなたたちがこの戦争《せんそう》を起《お》こしたからこそ、中国人民《ちゅうごくじんみん》を教育《きょういく》することができ、まるで砂《すな》のように散《ち》らばっていた中国《ちゅうごく》人民《じんみん》を団結《だんけつ》させることができたのです」とまで言《い》っているのです。

しかし、先《さき》ほどのアイリス・チャンの本《ほん》の影響《えいきょう》のほか、毛沢東《もうたくとう》が死《し》んだ後《あと》の中国政府《ちゅうごくせいふ》による積極的《せっきょくてき》な工作活動《こうさくかつどう》もあり、海外《かいがい》では次第《しだい》に、南京大虐殺《ナンキンだいぎゃくさつ》なるものが「日本軍《にほんぐん》の犯罪《はんざい》＝真実《しんじつ》」として、人々《ひとびと》の心《こころ》の中《なか》に広《ひろ》がりつつあります。その証拠《しょうこ》に、二〇一五年《ねん》一〇月《がつ》には、中国《ちゅうごく》が国連《こくれん》教育科学文化機関《きょういくかがくぶんかきかん》（ユネスコ）の記憶遺産《きおくいさん》に登録申請《とうろくしんせい》していた「南京事件《ナンキンじけん》」に関《かん》する資料《しりょう》が登録《とうろく》されてしまうという事態《じたい》になりました。

さすがに日本政府《にほんせいふ》はこれに怒《おこ》り、その撤回《てっかい》（取り消すこと）を求《もと》めていますが、戦後《せんご》七〇年間《ねんかん》、日本人自身《にほんじんじしん》がアメリカによって洗脳《せんのう》されていたことや、はっきりと物事《ものごと》を主張《しゅちょう》することを恥《は》ずかしがる日本人《にほんじん》の性格《せいかく》、そして英語《えいご》コンプレックスなどが、こういった事態《じたい》を引き起《お》こしているのです。

従軍慰安婦問題《じゅうぐんいあんふもんだい》の真実《しんじつ》

反日《はんにち》プロパガンダのもう一《ひと》つの象徴的《しょうちょうてき》な例《れい》は、「従軍慰安婦《じゅうぐんいあんふ》の強制連行《きょうせいれんこう》」という問題《もんだい》でしょう。

慰安婦《いあんふ》とは、戦場《せんじょう》で戦《たたか》っている軍《ぐん》の兵士《へいし》に対《たい》し、性的《せいてき》なサービスを行《おこな》う女性《じょせい》たちのことであり、確《たし》かに日本軍《にほんぐん》の一部《いちぶ》の兵士《へいし》が、お金《かね》を支払《しはら》ってそういった女性《じょせい》と遊《あそ》んでいたのは事実《じじつ》です。

しかしこれは何《なに》も日本《にほん》だけではなく、多《おお》くの国《くに》の軍隊《ぐんたい》が今《いま》でも持《も》っている機能《きのう》であり、戦後《せんご》日本《にほん》にやって来《き》たアメリカ軍《ぐん》も、自軍《じぐん》の兵士《へいし》らを遊《あそ》ばせるため、特殊慰安施設協会《とくしゅいあんしせつきょうかい》（ＲＡＡ）と呼《よ》ばれる施設《しせつ》に日本人女性《にほんじんじょせい》を集《あつ》めろという命令《めいれい》を日本政府《にほんせいふ》に出《だ》していますし、九〇年代《ねんだい》にカンボジアに国連平和維持活動《こくれんへいわいじかつどう》（ＰＫＯ）のために派遣《はけん》されたフランス軍《ぐん》も、パリからそういった職業《しょくぎょう》の女性《じょせい》を連《つ》れて行《い》きました。

では、日本《にほん》の何《なに》が問題《もんだい》であったかというと、当時《とうじ》の日本政府《にほんせいふ》が朝鮮半島《ちょうせんはんとう》にある何《なん》十万人《まんにん》もの女性《じょせい》たちを誘拐《ゆうかい》のような方法《ほうほう》で集《あつ》め、「強制連行《きょうせいれんこう》」という形《かたち》で戦場《せんじょう》に送《おく》り込《こ》んだ犯罪《はんざい》だからだ、ということでした。私《わたし》が学生《がくせい》だった二〇年以上前《ねんいじょうまえ》は、この「従軍慰安婦《じゅうぐんいあんふ》の強制連行《きょうせいれんこう》」ということが、学校《がっこう》でも教師《きょうし》たちによって「真実《しんじつ》」として教《おし》えられており、朝日新聞《あさひしんぶん》を始《はじ》めとする新聞《しんぶん》メディアやテレビでも、それが当《あ》たり前《まえ》のように語《かた》られていました。

また、吉田清治《よしだせいじ》という人《ひと》が、「私《わたし》は、韓国《かんこく》の済州島《さいしゅうとう》で慰安婦狩《いあんふが》りをした」と証言《しょうげん》したこともあって、それが一気《いっき》に「真実《しんじつ》」として世界中《せかいじゅう》に広《ひろ》まったのです。

しかし、いろいろな研究者《けんきゅうしゃ》やジャーナリストがそれを調《しら》べた結果《けっか》、日本軍《にほんぐん》を相手《あいて》に商売《しょうばい》をしていた「業者《ぎょうしゃ》」の一部《いちぶ》が、誘拐《ゆうかい》に近《ちか》い方法《ほうほう》で若《わか》い女性《じょせい》を集《あつ》めていたケースはあるものの、「日本軍《にほんぐん》（または政府《せいふ》）による強制連行《きょうせいれんこう》」という証拠《しょうこ》は、まったく出《で》てくることはなかったのです。

私自身《わたしじしん》、この慰安婦問題《いあんふもんだい》では、海外《かいがい》で多《おお》くの外国人《がいこくじん》と議論《ぎろん》をし、「強制連行《きょうせいれんこう》などあったはずがない」ということを主張《しゅちょう》したのですが、大学《だいがく》の教員《きょういん》らを含《ふく》めて、私《わたし》の主張《しゅちょう》に同意《どうい》する人《ひと》は、ほとんどいませんでした。「強制連行《きょうせいれんこう》を行《おこな》った日本人自身《にほんじんじしん》（吉田清治《よしだせいじ》）がそれを認《みと》めているのだし、日本《にほん》の朝日新聞《あさひしんぶん》だって、それを報《ほう》じているじゃないか」というわけです。

しかし、二〇一四年《ねん》八月《がつ》、それまでこの慰安婦《いあんふ》の強制連行《きょうせいれんこう》を声高《こわだか》に主張《しゅちょう》してきた朝日新聞《あさひしんぶん》が、自《みずか》らが事実《じじつ》だとして報道《ほうどう》してきた吉田清治氏《よしだせいじし》の証言《しょうげん》を「虚偽《きょぎ》（うそ）である」と判断《はんだん》したと発表《はっぴょう》し、慰安婦《いあんふ》の強制連行《きょうせいれんこう》なるものが、すべて「嘘《うそ》」であることが判《わか》ったのです。

これで慰安婦論争《いあんふろんそう》は一件落着《いっけんらくちゃく》するかと思《おも》われましたが、最近《さいきん》では、この「強制連行《きょうせいれんこう》」を言《い》わなくなった代《か》わりに、朝鮮半島《ちょうせんはんとう》の女性《じょせい》たちが性《せい》の奴隷《どれい》（性奴隷《せいどれい》）にさせられた、という話《はなし》が出《で》てくるようになったのです。つまり、哀《あわ》れな女性《じょせい》たちは、毎日《まいにち》、奴隷《どれい》として日本軍兵士《にほんぐんへいし》らの相手《あいて》をさせられていた、という主張《しゅちょう》です。

年収数千万円《ねんしゅうすうせんまんえん》を得《え》ていた「奴隷《どれい》」？

しかし、これらの慰安婦《いあんふ》たちは、決《けっ》して無償《むしょう》（ただ）で日本軍兵士《にほんぐんへいし》の相手《あいて》をしていたわけではなく、むしろ、かなり高額《こうがく》な収入《しゅうにゅう》を得《え》ていたことが明《あき》らかになっています。その額《がく》は、人《ひと》によっては日本軍《にほんぐん》の将軍《しょうぐん》クラスにも匹敵《ひってき》し（同じくらい）、今《いま》で言《い》うなら年収数千万円《ねんしゅうすうせんまんえん》は下《くだ》らないと言《い》われています。

例《たと》えば、ビルマ戦線《せんせん》の慰安所《いあんじょ》で慰安婦《いあんふ》として働《はたら》いていた文玉珠《ムンオクチュ》さんは、『ビルマ戦線《せんせん》 楯師団《たてしだん》の「慰安婦《いあんふ》」だった私《わたし》』（梨の木舎）という本《ほん》の中《なか》で、日本軍《にほんぐん》が設置《せっち》した野戦病院《やせんびょういん》に、当時《とうじ》のお金《かね》で五〇〇円《えん》を貯金《ちょきん》し、「千円《せんえん》あれば大邱《テグ》（韓国の都市）に小《ちい》さな家《いえ》が一軒《いっけん》買《か》える。母《はは》に少《すこ》しは楽《らく》をさせてあげられる。晴《は》れがましくて、本当《ほんとう》にうれしかった。貯金通帳《ちょきんつうちょう》は私《わたし》の宝物《たからもの》となった」という感想《かんそう》を述《の》べています。実際《じっさい》に彼女《かのじょ》は、後《のち》に「貯金《ちょきん》からおろして五千円《せんえん》を送金《そうきん》した」ということですが、これは当時《とうじ》の朝鮮半島《ちょうせんはんとう》で小《ちい》さな家《いえ》が何軒《なんけん》も買《か》える「大金《たいきん》」であったと自分《じぶん》で書《か》いているのです。

また、週《しゅう》に何度《なんど》か外出《がいしゅつ》し、人力車《じんりきしゃ》に乗《の》って買《か》いものに行《い》き、「思《おも》い切《き》ってダイヤモンドを買《か》った」という記述《きじゅつ》もあるなど、戦時中《せんじちゅう》にもかかわらず、相当《そうとう》、裕福《ゆうふく》（暮らしがゆたかで、らくなこと）に暮《く》らしていたことが判《わか》ります。このような生活《せいかつ》をしていた人《ひと》たちの、どこが「奴隷《どれい》」なのでしょうか？

もちろん、だからといって、「お金《かね》をもらっていたんだから、いいだろう」という言《い》い方《かた》をしてはいけません。彼女《かのじょ》たちは、なりたくて慰安婦《いあんふ》になったわけではありません。今《いま》の私《わたし》たちには、ほとんど想像《そうぞう》もできないくらい貧《まず》しい暮《く》らしの中《なか》に生《い》き、学校《がっこう》に通《かよ》うことはおろか、将来《しょうらい》の夢《ゆめ》や希望《きぼう》さえなかったほどの、つらい境遇《きょうぐう》にあった人《ひと》が多《おお》いのです。

そして、そんな貧《まず》しい人々《ひとびと》に目《め》をつける商売人《しょうばいにん》が、彼女《かのじょ》らのいる家《いえ》にやって来《き》て、その家族《かぞく》がしばらくの間《あいだ》、何《なん》の苦労《くろう》もなく生《い》きていけるだけのお金《かね》を親《おや》たちに渡《わた》す代《か》わりに、彼女《かのじょ》たちを外国《がいこく》の慰安所《いあんじょ》へ連《つ》れていき、そこで働《はたら》かせるということもあったのです。

もちろん、働《はたら》いて借金《しゃっきん》を返《かえ》すことができれば女性《じょせい》たちは解放《かいほう》されたのですが、それまでの間《あいだ》は、自《みずか》らの体《からだ》を売《う》って働《はたら》かなくてはなりません。今《いま》から考《かんが》えれば、なんとひどいことかと思《おも》えますが、しかし当時《とうじ》は、このような仕事《しごと》も「合法《ごうほう》」でした。

そして日本《にほん》は、いまさら元慰安婦《もといあんふ》の人《ひと》たちに対《たい》する補償《ほしょう》など、するわけにはいかないのです。なぜなら、日本政府《にほんせいふ》と韓国政府《かんこくせいふ》は、一九六五年《ねん》に日韓基本条約《にっかんきほんじょうやく》を締結《ていけつ》し、そこでは、日本《にほん》から韓国《かんこく》に対《たい》して事実上《じじつじょう》の賠償金《ばいしょうきん》として巨額《きょがく》のお金《かね》を支払《しはら》う代《か》わりに、今後《こんご》は日本《にほん》に対《たい》して一切《いっさい》の賠償請求等《ばいしょうせいきゅうとう》をしない、という約束《やくそく》を、おたがいに交《か》わしたからです。

これは、例《たと》えばケンカをした友人《ゆうじん》どうしが後《あと》で仲直《なかなお》りをし、今後《こんご》は一切《いっさい》、相手《あいて》に対《たい》して、謝《あやま》れとか金《かね》をよこせなどとは言《い》いませんよ、という約束《やくそく》を交《か》わすのと同《おな》じです。そして、国際《こくさい》社会《しゃかい》では、それが最《もっと》も重要《じゅうよう》な「約束《やくそく》」の形《かたち》なのですが、しかし今日《こんにち》、韓国政府《かんこくせいふ》はこの「約束《やくそく》」

を無視《むし》し、「慰安婦《いあんふ》への賠償《ばいしょう》はこの規定《きてい》に含《ふく》まれない」と主張《しゅちょう》し始《はじ》めています。

もちろん、韓国《かんこく》の中《なか》にも、このような現状《げんじょう》に胸《むね》を痛《いた》めている人《ひと》は多《おお》いのですが、そういう冷静《れいせい》な人《ひと》たちの声《こえ》は、なかなか聞《き》こえてきません。なぜなら、新聞《しんぶん》やテレビにしてみれば、韓国国内《かんこくこくない》でそうやって感情的《かんじょうてき》な声《こえ》を上《あ》げる方《ほう》が、自分《じぶん》たちも儲《もう》かり、都合《つごう》がよいからです。

日本軍《にほんぐん》による捕虜虐待《ほりょぎゃくたい》の真実《しんじつ》

海外《かいがい》に行《い》くと、時《とき》おり、欧米人《おうべいじん》あたりから、日本軍《にほんぐん》による「連合軍捕虜《れんごうぐんほりょ》の虐待《ぎゃくたい》」の話《はなし》が出《だ》され、非難《ひなん》めいた言葉《ことば》を浴《あ》びることもあります。確《たし》かに、日本軍《にほんぐん》の捕虜収容所《ほりょしゅうようじょ》にあっては、看守《かんしゅ》（刑務所に入れられている人の見はりをする人）から何度《なんど》も激《はげ》しく殴《なぐ》られたというケースや、食料《しょくりょう》や医薬品《いやくひん》をほとんど提供《ていきょう》してもらえなかったという話《はなし》があります。

非武装《ひぶそう》であり、すでに捕《と》らえられている弱《よわ》い立場《たちば》の捕虜《ほりょ》を虐待《ぎゃくたい》するのは、恥《は》ずかしい行為《こうい》です。そして、日本軍《にほんぐん》において、看守《かんしゅ》となった一部《いちぶ》の兵士《へいし》が捕虜《ほりょ》を虐《いじ》めたケースがあったことは事実《じじつ》です。しかし一方《いっぽう》で、収容所《しゅうようじょ》の看守《かんしゅ》すべてがそうであったわけではなく、ごく一部《いちぶ》の人間《にんげん》がやったに過《す》ぎないこともまた事実《じじつ》なのです。

また、食料《しょくりょう》や医薬品《いやくひん》がなかったのは、日本軍《にほんぐん》も同《おな》じでした。日本人《にほんじん》も当時《とうじ》は、その多《おお》くが飢《う》えていたのです。事実《じじつ》、日本軍《にほんぐん》の基本方針《きほんほうしん》は、捕虜《ほりょ》たちにはできるだけ日本人《にほんじん》と同《おな》じ分量《ぶんりょう》の食事《しょくじ》を与《あた》えるというものでしたが、中《なか》には、規定《きてい》のギリギリいっぱいまで増量《ぞうりょう》して与《あた》えていたケースもありますし、赤十字《せきじゅうじ》（戦争のときに、敵味方なくケガ人などを助ける団体）を通《つう》じて送《おく》られる物資《ぶっし》も、捕虜《ほりょ》たちにできるだけ配布《はいふ》されていました。

連合軍《れんごうぐん》の捕虜《ほりょ》たちに親切《しんせつ》に接《せっ》していた収容所関係者《しゅうようじょかんけいしゃ》も少《すく》なくありません。終戦間際《しゅうせんまぎわ》にアメリカ海軍《かいぐん》の艦砲射撃《かんぽうしゃげき》を受《う》けて町《まち》が壊滅《かいめつ》した岩手県《いわてけん》の釜石《かまいし》では、当地《とうち》の捕虜収容所《ほりょしゅうようじょ》も被害《ひがい》を受《う》け、連合国軍《れんごうこくぐん》の捕虜《ほりょ》三二人《にん》が友軍《ゆうぐん》（味方）の攻撃《こうげき》で命《いのち》を落《お》としました。それにもかかわらず、当時《とうじ》そこの所長《しょちょう》であった二八歳《さい》の稲木誠中尉《いなぎまことちゅうい》は、戦後《せんご》に戦犯《せんぱん》として逮捕《たいほ》され、収容所《しゅうようじょ》の安全管理《あんぜんかんり》の責任《せきにん》を問《と》われて懲役《ちょうえき》五年《ねん》の刑《けい》を受《う》けてしまったのです。

稲木中尉《いなぎちゅうい》は、捕虜《ほりょ》にクリスマスを祝《いわ》うことを許可《きょか》したり、海水浴《かいすいよく》に行《い》かせたりした、非常《ひじょう》に心《こころ》の優《やさ》しい方《かた》でした。事実《じじつ》、戦後《せんご》しばらくして、当時《とうじ》の収容所《しゅうようじょ》の捕虜《ほりょ》であったオランダ人《じん》から、「収容所《しゅうようじょ》での取《と》り扱《あつか》いは良《よ》かった」という手紙《てがみ》と共《とも》に、「一九四四年《ねん》クリスマス／人情味《にんじょうみ》ある所長《しょちょう》であった稲木《いなぎ》さんへ、敬意《けいい》をもって」と裏書《うらが》きされた捕虜収容所《ほりょしゅうようじょ》での集合写真《しゅうごうしゃしん》が送《おく》られてきたそうです。

また二〇一五年《ねん》には、同《おな》じく稲木中尉《いなぎちゅうい》の収容所《しゅうようじょ》にいた元捕虜《もとほりょ》のアメリカ人《じん》ジャック・ワーナーさん（九三歳《さい》）が日本政府《にほんせいふ》の招待《しょうたい》で来日《らいにち》し、「稲木中尉《いなぎちゅうい》は捕虜《ほりょ》への暴力《ぼうりょく》を許《ゆる》さなかった」と語《かた》っています。

東京《とうきょう》の収容所《しゅうようじょ》に収監《しゅうかん》されていたあるイギリス人捕虜《じんほりょ》は、終戦後《しゅうせんご》にやって来《き》て、「君《きみ》らを虐待《ぎゃくたい》した奴《やつ》はどいつだ。ドシドシ言《い》ってくれ！」と、はりきっていたアメリカ軍《ぐん》の将校《しょうこう》に対《たい》し、「いや、いま収容所《しゅうようじょ》にいる人《ひと》たちは、みな親切《しんせつ》で、よい人《ひと》ばかりだ」と答《こた》えています。

このイギリス人《じん》捕虜《ほりょ》は、終戦《しゅうせん》となって、この収容所《しゅうようじょ》を去《さ》るときの気持《きも》ちを、以下《いか》のように記《しる》しています。（ルイス・ブッシュ著『おかわいそうに／東京捕虜収容所の英兵記録』文藝春秋新社）

私《わたし》はジェントルマン・ジム、藤井軍医《ふじいぐんい》、紺野《こんの》・加藤両軍曹《かとうりょうぐんそう》、炊事場係《すいじばがか》りの親切《しんせつ》で男《おとこ》らしい深田伍長《ふかだごちょう》（彼《かれ》は空襲《くうしゅう》で家《いえ》を失《うしな》っていた）その他《た》、心《こころ》の美《うつく》しい日本《にほん》の人々《ひとびと》と別《わか》れの握手《あくしゅ》を交《か》わした。

「さよなら！」

この人々《ひとびと》の努力《どりょく》がなかったら、今日《きょう》のこの感激《かんげき》の日《ひ》を、我々《われわれ》の何人《なんにん》が生《い》きて迎《むか》えることができたろうと思《おも》うと、あらためて深《ふか》い感謝《かんしゃ》の念《ねん》に心《こころ》をゆさぶられるのだった。

以上《いじょう》のようなケースからも、収容所《しゅうようじょ》で捕虜《ほりょ》への虐待《ぎゃくたい》を行《おこな》った看守《かんしゅ》は間違《まちが》いなくいたものの、その一方《いっぽう》で、捕虜《ほりょ》を親切《しんせつ》に扱《あつか》おうとしていた人《ひと》も、多《おお》かったことが判《わか》ります。つまり、それぞれの人《ひと》や、そのときの状況《じょうきょう》によるわけであり、ごく一部《いちぶ》の例《れい》だけを取《と》り上《あ》げて、それで、他《ほか》もすべてが同《おな》じであったと語《かた》ることは、決《けっ》してフェアな態度《たいど》ではありません。

日本軍《にほんぐん》による人肉食《じんにくしょく》の真実《しんじつ》

人肉食《じんにくしょく》、つまり「人間《にんげん》の肉《にく》を食《た》べる」ということは、本当《ほんとう》におぞましいことです。そして日本軍《にほんぐん》の兵士《へいし》のことを、「人肉食《じんにくしょく》を行《おこな》った」として非難《ひなん》する人《ひと》もいます。

確《たし》かに戦争中《せんそうちゅう》、一部《いちぶ》の日本軍兵士《にほんぐんへいし》によって、人肉食《じんにくしょく》という行為《こうい》が行《おこな》われたのは歴史的《れきしてき》な事実《じじつ》です。しかし、こうしたごく一部《いちぶ》の兵士《へいし》が人間《にんげん》の肉《にく》に手《て》を出《だ》したのは、彼《かれ》らが間違《まちが》いなく「極限《きょくげん》の飢餓状態《きがじょうたい》」にあったからです。

人肉食《じんにくしょく》が最初《さいしょ》に報告《ほうこく》されたのは、南太平洋《みなみたいへいよう》のニューギニア戦線《せんせん》でした。昭和《しょうわ》一七（一九四二）年《ねん》、「ココダ街道《かいどう》」と呼《よ》ばれる標高《ひょうこう》二〇〇〇メートル級《きゅう》の険《けわ》しい山岳《さんがく》地帯《ちたい》で戦《たたか》った部隊《ぶたい》は、補給《ほきゅう》（後方から前線に物資をはこぶこと）が敵《てき》に遮断《しゃだん》されたため、凄《すさ》まじい飢餓状態《きがじょうたい》に苦《くる》しみました。

たとえば、体重《たいじゅう》が七〇キロほどあった、ある高知県出身《こうちけんしゅっしん》の兵士《へいし》は、往復《おうふく》二〇〇〇キロ近《ちか》い山岳《さんがく》地帯《ちたい》で戦《たたか》い続《つづ》けた後《あと》、乾《かん》パン一袋《ひとふくろ》で二〇日間《はつかかん》食《く》いつなげと言《い》われ、追《お》いかけてくる敵《てき》と戦《たたか》いながら必死《ひっし》の思《おも》いで食《く》い延《の》ばしをやりました。しかし実際《じっさい》には、その後《ご》七〇日間《にちかん》、一切《いっさい》の食料《しょくりょう》を与《あた》えられることはなかったそうです。結果《けっか》として、一年後《ねんご》に後方《こうほう》のラバウル基地《きち》に戻《もど》ってきた時《とき》には、彼《かれ》の体重《たいじゅう》は、わずか二八キロになっていたといいます。

ニューギニアで捕虜となった日本兵

また広島出身《ひろしましゅっしん》の衛生兵《えいせいへい》は、飢餓状態《きがじょうたい》であまりに痩《や》せすぎたため、腰骨《こしぼね》が突《つ》き出《で》て、横《よこ》になると痛《いた》いので、寝《ね》る前《まえ》にはそんな腰骨《こしぼね》が入《はい》るほどの、小《ちい》さな穴《あな》を掘《ほ》ったそうです。こんな敗残兵《はいざんへい》らの帰還《きかん》を見《み》た後方勤務《こうほうきんむ》の兵士《へいし》たちは、「骸骨《がいこつ》がフンドシだけを着《つ》けて歩《ある》いているようだ」と思《おも》ったといいます。

彼《かれ》らの多《おお》くは、マラリアなどの風土病《ふうどびょう》（その地方だけに流行する病気）にも冒《おか》され、まともな医療施設《いりょうしせつ》も薬《くすり》もなく、大雨《おおあめ》が降《ふ》り続《つづ》くジャングルの中《なか》で、水《みず》に浸《つ》かった「タコツボ」と呼《よ》ばれる戦闘用《せんとうよう》の穴《あな》の中《なか》に隠《かく》れたまま、その中《なか》で糞尿《ふんにょう》の用《よう》をたし、泥水《どろみず》を飲《の》み、穴《あな》の周《まわ》りに生《は》える雑草《ざっそう》の芽《め》を食《た》べたりしていました。しかし、そのような環境《かんきょう》の中《なか》でガリガリに痩《や》せ細《ほそ》ってもなお、彼《かれ》らは重《おも》い銃《じゅう》や大砲《たいほう》を担《かつ》ぎながら戦《たたか》ったのです。

こんな地獄《じごく》のような飢餓環境《きがかんきょう》の中《なか》で、やがて、射殺《しゃさつ》した敵兵《てきへい》の肉《にく》に手《て》を出《だ》し始《はじ》める者《もの》も現《あらわ》れました。彼《かれ》らは、あと一日《にち》か二日《ふつか》だけでも生《い》き残《のこ》れば、後方《こうほう》からやってくる食料《しょくりょう》にありつけるかもしれないし、そうして元気《げんき》を取《と》り戻《もど》して、日本《にほん》に帰《かえ》って愛《あい》する家族《かぞく》にもう一度《いちど》会《あ》いたい、という強《つよ》い願《ねが》いの中《なか》で、目《め》の前《まえ》にある死体《したい》に手《て》を出《だ》してしまったのです。あまりに哀《あわ》れであり、さぞ苦《くる》しかったであろうと胸《むね》を痛《いた》めるしかない、悲惨《ひさん》な状況《じょうきょう》であったわけです。しかし、このことを知《し》った連合軍兵士《れんごうぐんへいし》の間《あいだ》では、自分《じぶん》たちが豊富《ほうふ》な食料《しょくりょう》を持《も》っていて、このような飢《う》えを知《し》らなかったこともあり、「日本人《にほんじん》は人間《にんげん》の肉《にく》を食《く》う」という話《はなし》だけが、欧米諸国《おうべいしょこく》に伝《つた》わりました。

また、戦後《せんご》の日本人《にほんじん》の中《なか》でも、この人肉食《じんにくしょく》をことさらに取《と》り上《あ》げて「日本軍《にほんぐん》＝残虐《ざんぎゃく》」というイメージを広《ひろ》めようとする大学教授《だいがくきょうじゅ》や、嘘《うそ》の作《つく》り話《ばなし》までして金儲《かねもう》けのためにこの話《はなし》を取《と》り上《あ》げるマスコミ人《じん》がいるのは、実《じつ》に悲《かな》しいことです。

例《たと》えば、一九九七年《ねん》一〇月《がつ》一七日《にち》、『週刊朝日《しゅうかんあさひ》』という雑誌《ざっし》が、驚《おどろ》くような記事《きじ》を出《だ》しました。そこには、日本軍《にほんぐん》がニューギニア戦線《せんせん》で現地人《げんちじん》を大量《たいりょう》に殺《ころ》して食《た》べたばかりか、一万《まん》二〇〇〇人《にん》しかいない日本軍《にほんぐん》が、現地《げんち》の女性《じょせい》一万《まん》六〇〇〇人《にん》を慰安婦《いあんふ》にした、とまで書《か》かれているのです。つまり、飢《う》え死《じ》に寸前《すんぜん》で人肉食《じんにくしょく》が頻発《ひんぱつ》するような「極限《きょくげん》の飢餓状態《きがじょうたい》」にあるガリガリの兵士《へいし》たちが、あの重《おも》い銃《じゅう》や荷物《にもつ》をぶら下《さ》げて、消《き》えかけているその命《いのち》をかけて「若《わか》い女性《じょせい》」を捕《つか》まえにいったというわけです。何《なん》というバカらしい話《はなし》でしょうか。

しかし、この記事《きじ》が出《で》た当時《とうじ》は、多《おお》くの日本人《にほんじん》が、こういったバカらしい話《はなし》を信《しん》じたのです。なぜならそれは、「大手《おおて》マスコミ」が報道《ほうどう》したからです。

もちろん、生《い》き残《のこ》った兵士《へいし》たちは「冗談《じょうだん》じゃない！」といって、大《おお》いに怒《おこ》りました。しかし、最近《さいきん》になるまで、こうした元兵士《もとへいし》たちの声《こえ》がまともに聞《き》かれることはなく、今《いま》も、少《すく》なくない数《かず》の外国人《がいこくじん》が、「日本人《にほんじん》は人肉食《じんにくしょく》をした悪《わる》い奴《やつ》らだ」というイメージを持《も》ち続《つづ》けています。しかも、それをメディアで煽《あお》って金儲《かねもう》けをしている日本人《にほんじん》までいるのです……。

私《わたし》たちは、もうそろそろ、テレビや新聞《しんぶん》に書《か》かれ、あるいは学校《がっこう》の先生《せんせい》が感情的《かんじょうてき》になって言《い》う「日本人悪玉論《にほんじんあくだまろん》」から脱却《だっきゃく》しなくてはなりません。いつまでも、嘘《うそ》に固《かた》められた歴史《れきし》によって、自《みずか》らを軽蔑《けいべつ》（かろんじて、バカにすること）していてはいけないのです。

日本《にほん》「だけ」が悪《わる》いことをしたのか

東京裁判《とうきょうさいばん》やＧＨＱの洗脳工作《せんのうこうさく》によって、大東亜戦争《だいとうあせんそう》では、「やってもいないこと」まで含《ふく》めて罪《つみ》だと指摘《してき》され、その結果《けっか》、七〇年《ねん》も経《た》った今日《こんにち》においてさえ、多《おお》くの日本人《にほんじん》は、あたかも日本《にほん》「だけ」が悪《わる》いことをしたような印象《いんしょう》を持《も》っていますが、そんなことはないのだということを、しっかりと認識《にんしき》する必要《ひつよう》があります。

むしろ、日本《にほん》の罪《つみ》を言《い》い立《た》てる欧米諸国《おうべいしょこく》が過去《かこ》に犯《おか》した罪《つみ》は、日本《にほん》のそれと比《くら》べて、とてつもなく大《おお》きかったのではないか、という考察《こうさつ》（ものごとを深く考え調べること）を、もっと広《ひろ》くする必要《ひつよう》があるでしょう。

例《たと》えば、「南京大虐殺《ナンキンだいぎゃくさつ》」なるものを東京裁判《とうきょうさいばん》においてアメリカが徹底的《てっていてき》に持《も》ち出《だ》したのは、アメリカが二発《はつ》の原爆《げんばく》を含《ふく》む六〇以上《いじょう》の都市《とし》を無差別空襲《むさべつくうしゅう》によって焦土《しょうど》とし、女性《じょせい》や子供《こども》を含《ふく》む何《なん》十万人《まんにん》もの民間人《みんかんじん》を殺戮《さつりく》（多くの人を、むごたらしく殺すこと）したからでしょう。そんなアメリカの攻撃《こうげき》に対《たい》する非難《ひなん》や怒《いか》り、憎《にく》しみを〝かわす〟ためにも、彼《かれ》らは「残虐行為《ざんぎゃくこうい》は、日本《にほん》こそが最初《さいしょ》にやったのだ」というストーリーを必要《ひつよう》としたに違《ちが》いありません。

日本《にほん》の都市《とし》を〝効率《こうりつ》よく〟焼《や》き払《はら》い、〝効率《こうりつ》よく〟一般市民《いっぱんしみん》たちを殺害《さつがい》したアメリカ空軍《くうぐん》の司令官《しれいかん》は、カーチス・ルメイという将軍《しょうぐん》でした。そのルメイ自身《じしん》は、「もし、我々《われわれ》が負《ま》けていたら、私《わたし》は戦争犯罪人《せんそうはんざいにん》として裁《さば》かれていただろう。幸《さいわ》い、私《わたし》は勝者《しょうしゃ》の方《ほう》に属《ぞく》していた」と述《の》べています。つまり、勝《か》った人間《にんげん》（いじめっ子《こ》）は、どんな悪《わる》いことをしても、その罪《つみ》を問《と》われることはない、ということです。

カーチス・ルメイ

驚《おどろ》くべきことにルメイは、東京《とうきょう》を空襲《くうしゅう》した時《とき》でも、それがたくさんの民間人《みんかんじん》を殺《ころ》すことになるということを知《し》っていた、と言《い》っています。そして、自《みずか》らの行《おこな》った鬼畜《きちく》のごとき所業《しょぎょう》（おこない）について、「道徳的《どうとくてき》な観点《かんてん》からは、どう考《かんが》えるか？」という質問《しつもん》に対《たい》しては、「ふざけるな」と一蹴《いっしゅう》（はねつけること）しているのです。

なんという残虐性《ざんぎゃくせい》でしょうか。

また、終戦直後《しゅうせんちょくご》の九月《がつ》二〇日《はつか》の記者会見《きしゃかいけん》でルメイは、「この戦争《せんそう》は、ソ連《れん》の参戦《さんせん》がなくても、原爆《げんばく》がなくても、二週間以内《しゅうかんいない》に終《お》わっていたでしょう。原爆《げんばく》の投下《とうか》は、戦争終結《せんそうしゅうけつ》とは、まったく何《なん》の関係《かんけい》もありません」という、驚《おどろ》くべきことも語《かた》っています。つまり広島《ひろしま》や長崎《ながさき》の人々《ひとびと》は、戦争終結《せんそうしゅうけつ》とはまったく関係《かんけい》のない、原爆《げんばく》という新兵器《しんへいき》の「人体実験《じんたいじっけん》」のために殺《ころ》された、ということです。第一章《だいいっしょう》で紹介《しょうかい》したインドのパール判事《はんじ》の意見《いけん》は、まったく正《ただ》しかったわけです。

ルメイはその後《ご》、一九六〇年《ねん》から始《はじ》まったベトナム戦争《せんそう》においては、空軍参謀総長《くうぐんさんぼうそうちょう》の地位《ちい》にありましたが、そこでも、「ベトナムを石器時代《せっきじだい》に戻《もど》してやる」などと主張《しゅちょう》して、北《きた》ベトナムへの猛烈《もうれつ》な空襲《くうしゅう》を推進《すいしん》し、猛毒《もうどく》ダイオキシンの一種《いっしゅ》である「枯《か》れ葉剤《はざい》」まで散布《さんぷ》し、後《のち》に大量《たいりょう》の奇形児《きけいじ》を発生《はっせい》させるという、大変《たいへん》な戦争犯罪《せんそうはんざい》を犯《おか》しています。

しかし、最《もっと》も情《なさ》けないのは、こんな、民間人《みんかんじん》を大量《たいりょう》に虐殺《ぎゃくさつ》してもまったく恥《は》じることのなかった戦争犯罪人《せんそうはんざいにん》に対《たい》し、戦後《せんご》の日本政府《にほんせいふ》は「勲一等旭日大綬章《くんいっとうきょくじつだいじゅしょう》」という「勲章《くんしょう》」を与《あた》えているということです。戦後《せんご》の日本《にほん》は、たった一度《いちど》戦争《せんそう》に負《ま》けただけで、ここまで卑屈《ひくつ》（心がいじけて、いくじのないこと）になっていたという証拠《しょうこ》でしょう。

凄《すさ》まじかった連合国軍《れんごうこくぐん》の捕虜虐待《ほりょぎゃくたい》

日本軍《にほんぐん》がやったこととして今《いま》でも時《とき》おり語《かた》られる「捕虜虐待《ほりょぎゃくたい》」ですが、では、アメリカ軍《ぐん》を始《はじ》めとする連合軍《れんごうぐん》は、一切日本《いっさいにほん》の捕虜《ほりょ》を虐待《ぎゃくたい》しなかったのでしょうか？　もちろん、そんなわけはありません。彼《かれ》らは日本軍《にほんぐん》の捕虜《ほりょ》に対《たい》して、相当《そうとう》に、ひどいことをやっています。

有名《ゆうめい》なのは、飛行機《ひこうき》で初《はじ》めて大西洋横断《たいせいようおうだん》を成《な》し遂《と》げたことで有名《ゆうめい》になったリンドバーグ大佐《たいさ》の日記《にっき》です。リンドバーグ大佐《たいさ》は、陸軍《りくぐん》パイロットとして対日戦争《たいにちせんそう》にも参加《さんか》していますが、一九四四年《ねん》六月《がつ》二六日《にち》の日記《にっき》には、ニューギニア戦線《せんせん》で二〇〇〇人《にん》の日本人《にほんじん》捕虜《ほりょ》を捕《つか》まえた時《とき》の話《はなし》が載《の》っています。連合軍《れんごうぐん》は、これらの日本兵《にほんへい》たちを飛行場《ひこうじょう》に連行《れんこう》して、片《かた》っ端《ぱし》から機関銃《きかんじゅう》を乱射《らんしゃ》して殺《ころ》し、最後《さいご》に生《い》き残《のこ》った一〇〇人《にん》〜二〇〇人《にん》だけを本部《ほんぶ》に連行《れんこう》したと言《い》います。

また、一九四四年《ねん》七月《がつ》一三日《にち》の日記《にっき》には、「わが米軍兵士《べいぐんへいし》は、捕虜《ほりょ》にしている日本人《にほんじん》や、降伏《こうふく》しようとする日本兵《にほんへい》を撃《う》ち殺《ころ》すことを何《なん》とも思《おも》っていない。彼《かれ》らは日本兵《にほんへい》を、動物《どうぶつ》以下《いか》に軽蔑《けいべつ》して取《と》り扱《あつか》っているのである。そして、ほとんど誰《だれ》もが、そうした行為《こうい》を大目《おおめ》にみて（うるさく言わず見のがして）見過《みす》ごしてしまっている」と書《か》かれています。

また、捕虜《ほりょ》となった日本人《にほんじん》を飛行機《ひこうき》で後方《こうほう》に輸送《ゆそう》する際《さい》には、オーストラリア兵《へい》たちが、多《おお》くの日本人《にほんじん》捕虜《ほりょ》を、飛《と》んでいる飛行機《ひこうき》の上《うえ》から蹴《け》り落《お》とした、という凄惨《せいさん》な記述《きじゅつ》もあります。

日本軍《にほんぐん》の兵士《へいし》は決《けっ》して捕虜《ほりょ》にならず、死《し》ぬまで戦《たたか》ったというのが「伝説《でんせつ》」のようになっていますが、その理由《りゆう》の一《ひと》つは、投降《とうこう》（敵に降参すること）した仲間《なかま》たちが目《め》の前《まえ》で次々《つぎつぎ》と殺《ころ》される様子《ようす》を、当時《とうじ》の日本兵《にほんへい》たちが目撃《もくげき》し、それが兵士《へいし》たちの間《あいだ》で噂《うわさ》となっていたこともあったでしょう。つまり、両手《りょうて》を挙《あ》げて降参《こうさん》しても、捕虜《ほりょ》になれる保証《ほしょう》などなかったのです。

日本人捕虜《にほんじんほりょ》に対《たい》する虐待《ぎゃくたい》だけでなく、「戦後《せんご》の」日本人戦犯《にほんじんせんぱん》に対《たい》する扱《あつか》いもまた、実《じつ》にひどいものでした。グアム島《とう》の法廷《ほうてい》では、昭和《しょうわ》二一年《ねん》から約《やく》二年《ねん》の間《あいだ》、刑務所《けいむしょ》での日本人戦犯容疑者《にほんじんせんぱんようぎしゃ》に対《たい》する凄《すさ》まじい虐待《ぎゃくたい》が横行《おうこう》（よくないことが、思いのままにおこなわれること）し、何人《なんにん》もの発狂者《はっきょうしゃ》（気が狂った人）と自殺者《じさつしゃ》が出《で》たと言《い》われています。

たとえば、日本人容疑者《にほんじんようぎしゃ》らはフンドシ一本《いっぽん》とボロ靴《ぐつ》だけの姿《すがた》で生活《せいかつ》させられ、まともな食事《しょくじ》も与《あた》えられず、午前中《ごぜんちゅう》は両腕《りょううで》を上《あ》げたまま、ずっと直立不動《ちょくりつふどう》（まっすぐに立って動かないこと）の姿勢《しせい》で立《た》たされ、午後《ごご》からは、真夏《まなつ》の太陽《たいよう》の下《した》で激《はげ》しい運動《うんどう》を延々《えんえん》とさせられ、倒《たお》れて腹這《はらば》いになった体《からだ》の上《うえ》にアメリカ兵《へい》が飛《と》び乗《の》り、ピョンピョンと飛《と》び跳《は》ねて踏《ふ》みつけるといったことをやりました。しかも、日本人《にほんじん》たちが失神《しっしん》する（気をうしなう）まで、それをやめません。

その後《ご》、わずかな量《りょう》の夕食《ゆうしょく》が終《お》わると、今度《こんど》は二〇〇ワットもの電球《でんきゅう》を目《め》の前《まえ》で見《み》つめさせられ、番兵《ばんぺい》が日本人《にほんじん》たちの腹《はら》を次々《つぎつぎ》に激《はげ》しく殴《なぐ》りつけて、気絶《きぜつ》（気をうしなうこと）させるのです。

また、首《くび》を鎖《くさり》でつながれて犬《いぬ》のように扱《あつか》われ、トイレに行《い》きたい場合《ばあい》には、四《よ》つん這《ば》いになってワンワン、ブーブーなどと吠《ほ》え、犬《いぬ》や豚《ぶた》の真似《まね》をしないと許《ゆる》されないということもありました。ちなみにこれは、イラク戦争《せんそう》（二〇〇三〜二〇一一年）の頃《ころ》、アブグレイブ刑務所《けいむしょ》というところで、アメリカ兵《へい》たちが、つい最近《さいきん》もやっていたことです。

日本軍《にほんぐん》の遺体《いたい》に対《たい》しては、もっとおぞましいことも行《おこな》われていました。先《さき》ほどのリンドバーグ大佐《たいさ》の日記《にっき》には、「金歯《きんば》を抜《ぬ》き取《と》る者《もの》、おもしろ半分《はんぶん》に耳《みみ》や鼻《はな》を切《き》り取《と》り、乾燥《かんそう》させて本国《ほんごく》に持《も》ち帰《かえ》る者《もの》、大腿骨《だいたいこつ》（ふとももの骨）を持《も》ち帰《かえ》り、それでペン立《た》てやペーパーナイフを作《つく》る者《もの》さえいた」という記述《きじゅつ》がありますが、アメリカ兵《へい》の多《おお》くは、こうして日本人《にほんじん》の遺体《いたい》を弄《もてあそ》び、中《なか》には頭蓋骨《ずがいこつ》（頭の骨）を、お土産《みやげ》としてアメリカのガールフレンドに送《おく》った兵士《へいし》もいたのです。

日本兵の頭蓋骨と記念撮影をするアメリカ兵

これは、日本人《にほんじん》を非人間化《ひにんげんか》、つまり、動物以下《どうぶついか》と考《かんが》えるように仕向《しむ》けたプロパガンダの〝効果《こうか》〟であり、また白人《はくじん》たちが持《も》つ人種的《じんしゅてき》な偏見《へんけん》のせいですが、これに対《たい》し、日本軍《にほんぐん》の兵士《へいし》がアメリカ兵《へい》の歯《は》でネックレスを作《つく》り、耳《みみ》を切《き》り取《と》って干物《ひもの》にし、頭蓋骨《ずがいこつ》を土産《みやげ》にしたなどという話《はなし》は、聞《き》いたことがありません。

そして、ここまでされたにもかかわらず、それに対《たい》して抗議《こうぎ》をする日本人《にほんじん》はいませんでした。なぜなら、このような情報《じょうほう》は日本《にほん》のマスコミもまともに報《ほう》じず、反対《はんたい》に、「戦争《せんそう》を始《はじ》めた日本《にほん》が、そもそも悪《わる》いのだ」という、アメリカにとって実《じつ》に都合《つごう》のよい洗脳工作《せんのうこうさく》が、戦後《せんご》の日本《にほん》を覆《おお》い尽《つ》くしていたからです。

この本《ほん》では、「俺《おれ》も悪《わる》いことをしたが、お前《まえ》もやった、だから〝おあいこ〟だ」と言《い》おうとしているのではありません。犯《おか》した過《あやま》ちは、やはりきっちりと認《みと》めるという姿勢《しせい》が必要《ひつよう》です。

その一方《いっぽう》で、相手《あいて》の悪行《あくぎょう》については「そもそも日本《にほん》が悪《わる》かったのだから仕方《しかた》ない」といって目《め》をつぶり、そのくせ日本《にほん》の罪《つみ》は、やってもいないことまで非難《ひなん》し、今日《こんにち》でも何《なに》かあると、すぐに七〇年前《ねんまえ》の戦争《せんそう》の話《はなし》を持《も》ち出《だ》してきて日本人《にほんじん》を萎縮《いしゅく》（元気をなくしてちぢこまること）させようとする試《こころ》みについては、「アンフェア（不公平《ふこうへい》）」であり、「間違《まちが》っている」と、はっきり主張《しゅちょう》すべきなのです。

第《だい》五章《しょう》　靖国《やすくに》と戦犯《せんぱん》と同志《どうし》たち

独立《どくりつ》の真《しん》の理解者《りかいしゃ》は東條大将《とうじょうたいしょう》と大日本帝国《だいにほんていこく》だった。

——バー・モウ元首相《もとしゅしょう》（ビルマ）

靖国神社《やすくにじんじゃ》の何《なに》が問題《もんだい》なのか

確《たし》かに、日本軍《にほんぐん》は連合軍《れんごうぐん》と正面《しょうめん》から戦《たたか》い、敗《やぶ》れました。しかし、工業力《こうぎょうりょく》や物量《ぶつりょう》といった物理的《ぶつりてき》な力《ちから》や、圧倒的《あっとうてき》な情報収集能力《じょうほうしゅうしゅうのうりょく》の差《さ》によって敗《やぶ》れたのであって、日本《にほん》に正義《せいぎ》がなかったから負《ま》けたのではありません。

凄《すさ》まじい砲爆撃《ほうばくげき》の中《なか》で、多《おお》くの日本兵《にほんへい》はギリギリまで鬼神《きじん》（あらあらしくおそろしい神）のごとく戦《たたか》い、敵《てき》の強大《きょうだい》な物量《ぶつりょう》を、わずかな武器《ぶき》と見事《みごと》な攻撃精神《こうげきせいしん》だけで凌駕《りょうが》（相手よりも上に立って勝つこと）したこともありました。事実《じじつ》、かつて取材《しゅざい》した元日本兵《もとにほんへい》の皆《みな》さんの多《おお》くは、「戦闘《せんとう》（ひとつひとつの戦い）では負《ま》けたことがないが、気《き》がついたら戦争《せんそう》に負《ま》けていた」というようなことを、おっしゃっていました。

そして、過酷《かこく》なジャングルや孤島《ことう》（はなれ島）、あるいは北方《ほっぽう》の厳寒《げんかん》の中《なか》で戦《たたか》った多《おお》くの人《ひと》たちが、まさにその人生《じんせい》の最後《さいご》の瞬間《しゅんかん》に、戦友《せんゆう》たちと「靖国《やすくに》で会《あ》おう」と言《い》いあってから、敵《てき》と戦《たたか》いました。そのようにしてあの戦争《せんそう》で亡《な》くなった人々《ひとびと》の思《おも》い出《で》を辿《たど》るため、戦後《せんご》も多《おお》くの遺族《いぞく》（家族のだれかが死んであとに残された家族）が靖国神社《やすくにじんじゃ》を訪《おとず》れ、その御霊《みたま》が安《やす》らかに眠《ねむ》るよう、祈《いの》っています。

そんな靖国神社《やすくにじんじゃ》は、国家《こっか》の命令《めいれい》で赴《おもむ》いた（行った）戦争《せんそう》で亡《な》くなった英霊《えいれい》（戦争で死んだ人の霊に対する尊称）に感謝《かんしゃ》し、その魂《たましい》を慰《なぐさ》めるだけでなく、次《つぎ》の若《わか》い世代《せだい》が互《たが》いに心《こころ》の交流《こうりゅう》を温《あたた》める場所《ばしょ》であるはずです。

しかし、日本政府《にほんせいふ》の閣僚《かくりょう》がこの靖国神社《やすくにじんじゃ》を訪問《ほうもん》することが、ここ数十年《すうじゅうねん》で大《おお》きな国際問題《こくさいもんだい》になっています。特《とく》に、中国《ちゅうごく》や韓国《かんこく》がそのことを強《つよ》く非難《ひなん》するのですが、その理由《りゆう》は、靖国神社《やすくにじんじゃ》には「A級戦犯《きゅうせんぱん》が合祀《ごうし》（いくつかの霊を合わせてまつること）されているから」というものです。

今《いま》でも邪魔者《じゃまもの》扱《あつか》いされるA級戦犯《きゅうせんぱん》

第一章《だいいっしょう》で述《の》べた通《とお》り、戦後《せんご》GHQは、東條英機《とうじょうひでき》や広田弘毅《ひろたこうき》ら首相経験者《しゅしょうけいけんしゃ》のほか、南京《ナンキン》攻略《こうりゃく》作戦《さくせん》の際《さい》の司令官《しれいかん》であった松井石根《まついいわね》将軍《しょうぐん》、板垣征四郎《いたがきせいしろう》や荒木貞夫《あらきさだお》といった戦前《せんぜん》の陸海軍幹部《りくかいぐんかんぶ》と政府関係者《せいふかんけいしゃ》の合計《ごうけい》二八人《にん》を「A級戦犯《きゅうせんぱん》」に指定《してい》し、わざわざ昭和天皇《しょうわてんのう》の誕生日《たんじょうび》である四月《がつ》二九日《にち》に起訴《きそ》しました。そして彼《かれ》らを「平和《へいわ》に対《たい》する罪《つみ》・人道《じんどう》に対《たい》する罪《つみ》」という、それまで存在《そんざい》しなかった事後法《じごほう》で裁《さば》き、そのうちの七人《にん》を、今上陛下《きんじょうへいか》（現在の天皇陛下。当時は皇太子であった）の誕生日《たんじょうび》である一二月《がつ》二三日《にち》に処刑《しょけい》するといった、陰湿《いんしつ》な報復《ほうふく》（しかえし）を行《おこな》いました。

そして、彼《かれ》らの遺灰《いはい》（火葬したあとに残る、灰になった骨）はアメリカ軍《ぐん》によって、どこかに「捨《す》てられて」しまったのです。なんという死者《ししゃ》への冒涜《ぼうとく》（清らかなものや、とうといものをよごしたり、傷つけたりすること）でしょうか。

そもそも、処刑《しょけい》されたA級戦犯《きゅうせんぱん》たちは、戦争《せんそう》から七〇年経《た》った今日《こんにち》もなお、中国《ちゅうごく》や韓国《かんこく》が感情的《かんじょうてき》になるほどの悪人《あくにん》だったのでしょうか?

もちろん彼《かれ》らは、日本《にほん》の歴史上《れきしじょう》、かってないほどの惨事《さんじ》（むごたらしい出来事）をもたらした大東亜戦争《だいとうあせんそう》発生当時《はっせいとうじ》の、政治《せいじ》や軍《ぐん》の指導者《しどうしゃ》でした。しかし、あの大東亜戦争《だいとうあせんそう》は同時《どうじ》に、欧米諸国《おうべいしょこく》によって追《お》い詰《つ》められた日本《にほん》が、その独立自衛《どくりつじえい》のために立《た》ち上《あ》がったために起《お》こったものでもあり、A級戦犯《きゅうせんぱん》とされた人々《ひとびと》が、戦争開始《せんそうかいし》あるいはその遂行《すいこう》の手続《てつづ》きにおいて、何《なん》らかの違法行為《いほうこうい》を行《おこな》ったということはありません。処刑《しょけい》された松井石根大将《まついいわねたいしょう》に至《いた》っては、あれだけ中国《ちゅうごく》の文化《ぶんか》や人々《ひとびと》を愛《あい》していたにも関《かか》わらず、「南京大虐殺《ナンキンだいぎゃくさつ》」の汚名《おめい》を着《き》せられ、刑場《けいじょう》の露《つゆ》と消《き》えたのです。

今日《こんにち》では、中国《ちゅうごく》や韓国《かんこく》による非難《ひなん》を受《う》けたということで、多《おお》くの政治家《せいじか》が靖国神社《やすくにじんじゃ》に参拝《さんぱい》しなくなりました。もちろん、宗教的《しゅうきょうてき》な理由《りゆう》で靖国神社《やすくにじんじゃ》には行《い》かないという意見《いけん》はあるでしょう。それは「信教《しんきょう》の自由《じゆう》」として憲法《けんぽう》でも保証《ほしょう》されていますから、まったく問題《もんだい》はありません。しかし、本当《ほんとう》の「信教《しんきょう》の自由《じゆう》」とは「別《べつ》の宗教《しゅうきょう》を信《しん》じる人《ひと》に対《たい》する敬意《けいい》を持《も》つ」ということでもあるはずです。

一方《いっぽう》で、「日本《にほん》の政治《せいじ》は宗教《しゅうきょう》と関《かか》わってはいけないのだから（これを「政教分離《せいきょうぶんり》」と言《い》います）、靖国神社《やすくにじんじゃ》とは別《べつ》に無宗教《むしゅうきょう》の追悼施設《ついとうしせつ》（死んだ人を思いおこし悲しみにひたる場所）を作《つく》り、そこに参拝《さんぱい》すればよい」という、もっともらしい意見《いけん》もあります。しかし、死《し》んだ人《ひと》の魂《たましい》に向《む》かって祈《いの》りを捧《ささ》げ、それを追悼《ついとう》するということ自体《じたい》、すでに宗教的《しゅうきょうてき》な行為《こうい》であることは間違《まちが》いありません。

しかも、「では、A級戦犯《きゅうせんぱん》を別《べつ》の場所《ばしょ》に分祀《ぶんし》すればよい」という安易《あんい》な（いいかげんな）ことを言《い》う政治家《せいじか》まで現《あらわ》れています。分祀《ぶんし》、つまり、A級戦犯《きゅうせんぱん》の御霊《みたま》だけを靖国神社《やすくにじんじゃ》から取《と》り外《はず》して、別《べつ》の場所《ばしょ》に移《うつ》せばよいではないか、ということなのですが、これは「A級戦犯《きゅうせんぱん》が邪魔《じゃま》だから、どこかにやってしまえ」という、実《じつ》に乱暴《らんぼう》な考《かんが》え方《かた》です。

そもそも、A級戦犯《きゅうせんぱん》とされる人《ひと》たちは、日本国内《にほんこくない》の法律《ほうりつ》によっては犯罪者《はんざいしゃ》とは見《み》なされていませんし、それらのご遺族《いぞく》に対《たい》しても、毎年《まいとし》八月《がつ》一五日《にち》に武道館《ぶどうかん》で行《おこな》われる全国戦没者追悼式《ぜんこくせんぼつしゃついとうしき》への案内状《あんないじょう》が、ちゃんと届《とど》いています。

日本軍《にほんぐん》と共《とも》にイギリスをビルマから追放《ついほう》し、初代首相《しょだいしゅしょう》となったバー・モウは、「独立《どくりつ》の真《しん》の理解者《りかいしゃ》は東條《とうじょう》（英機《ひでき》）大将《たいしょう》と大日本帝国《だいにっぽんていこく》だった」と言《い》っていますが、こうしたアジアからの声《こえ》があったにもかかわらず、日本人自体《にほんじんじたい》が、アメリカだけでなく、中国《ちゅうごく》や韓国《かんこく》の政治的《せいじてき》な介入《かいにゅう》（関係のない人が、わりこんでくること）に遠慮《えんりょ》して、A級戦犯《きゅうせんぱん》となった人々《ひとびと》を今《いま》でも悪者《わるもの》あるいは邪魔者《じゃまもの》扱《あつか》いしているということは、実《じつ》に情《なさ》けない話《はなし》です。

それどころか、靖国神社《やすくにじんじゃ》には絶対《ぜったい》に参拝《さんぱい》しないのに、アメリカに行《い》くと、向《む》こうの戦没者《せんぼつしゃ》を祀《まつ》るアーリントン国立墓地《こくりつぼち》にはお参《まい》りをするという政治家《せいじか》までいるのですから、あきれて物《もの》も言《い》えません。

罪人《ざいにん》を永久《えいきゅう》に許《ゆる》さない思想《しそう》

では、中国《ちゅうごく》や韓国《かんこく》は、なぜ今日《こんにち》もA級戦犯《きゅうせんぱん》というものにこだわるのでしょうか。もちろん、最大《さいだい》の理由《りゆう》は、この問題《もんだい》を出《だ》せば日本政府《にほんせいふ》がすぐに譲歩《じょうほ》（自分の考えをおさえて、相手の考えを受け入れること）し、すぐに謝《あやま》って、何《なん》らかの形《かたち》でお金《かね》を出《だ》す、ということを彼《かれ》らが知《し》っているからなのですが、もう一《ひと》つの「文化的《ぶんかてき》な問題《もんだい》」もあります。それは、中国《ちゅうごく》や韓国《かんこく》では、罪人《ざいにん》は死《し》んでも罪人《ざいにん》であり、その罪《つみ》は永久《えいきゅう》に許《ゆる》されることはない、ということなのです。もしかすると、アメリカも彼《かれ》らと同《おな》じかもしれません。A級戦犯《きゅうせんぱん》の遺灰《いはい》をどこかに捨《す》て、今日《こんにち》もなお彼《かれ》らを悪者《わるもの》として許《ゆる》さない発想《はっそう》は、中国《ちゅうごく》や韓国《かんこく》の狭量《きょうりょう》さ（心がせまいこと）と同《おな》じレベルと言《い》えます。

しかし、日本人《にほんじん》には、このような思想《しそう》はありません。日本《にほん》では、罪人《ざいにん》と言《い》われる人《ひと》でも、亡《な》くなってしまえば、生前《せいぜん》の罪《つみ》は水《みず》に流《なが》し、一《ひと》つの魂《たましい》として敬意《けいい》を抱《いだ》くという思想《しそう》があるのです。

また、外国人《がいこくじん》の中《なか》には、靖国神社《やすくにじんじゃ》にはA級戦犯《きゅうせんぱん》の「遺骨《いこつ》」が埋葬《まいそう》されていると思《おも》い込《こ》んだまま、日本《にほん》を非難《ひなん》している人《ひと》もいます。しかし前述《ぜんじゅつ》の通《とお》り、彼《かれ》らの遺灰《いはい》はアメリカ軍《ぐん》がどこかに捨《す》ててしまいましたし、そもそも神道《しんとう》（「神社」に代表される、日本だけに昔からある宗教）には「お墓《はか》」はありません。彼《かれ》らはその程度《ていど》の認識《にんしき》で、日本《にほん》を責《せ》め立《た》てているのですし、過去《かこ》の日本政府《にほんせいふ》は、そんな批判《ひはん》にすら、耐《た》えられなかったのです。

私《わたし》たちが考《かんが》えなければならないのは、日本《にほん》の国内《こくない》で犯罪者《はんざいしゃ》として扱《あつか》われたわけでもなく、違法行為《いほうこうい》も犯《おか》しておらず、ただ近代法《きんだいほう》の原則《げんそく》を無視《むし》した一方的《いっぽうてき》な「報復裁判《ほうふくさいばん》＝東京裁判《とうきょうさいばん》」で裁《さば》かれただけの人々《ひとびと》を、あれから七〇年経《ねんた》った今日《こんにち》でも、中国《ちゅうごく》や韓国《かんこく》からの文句《もんく》があるからという理由《りゆう》で邪魔者扱《じゃまものあつか》いして「分祀《ぶんし》」することが、本当《ほんとう》の解決《かいけつ》になるのか、ということです。

遺骨収容《いこつしゅうよう》はなぜ大切《たいせつ》なのか

また、大東亜戦争《だいとうあせんそう》において、海外《かいがい》の戦地《せんち》で亡《な》くなった日本人《にほんじん》のご遺骨《いこつ》の多《おお》くが、いまだに日本《にほん》に帰《かえ》っていないということも問題《もんだい》です。これらの人々《ひとびと》の遺骨《いこつ》は、今《いま》もジャングルの草《くさ》むらや、北方《ほっぽう》の冷《つめ》たい氷《こおり》の下《した》に眠《ねむ》っていて、祖国日本《そこくにほん》への帰《かえ》りを待《ま》ちわびているのです。

私自身《わたしじしん》、ニューギニアでいくつもの日本兵《にほんへい》のご遺骨《いこつ》を見《み》ましたし、「水島《みずしま》」「山田《やまだ》」などという名前《なまえ》が刻《きざ》まれた水筒《すいとう》や名札《なふだ》を手《て》に取《と》りましたが、そのつど、「つらかっただろうな、さびしかっただろうな」と思《おも》って、涙《なみだ》が込《こ》み上《あ》げてきたものでした。

また、かつて現地《げんち》で戦《たたか》った元兵士《もとへいし》のおじいさんを、その場所《ばしょ》へお連《つ》れしたときは、その方《かた》が戦友《せんゆう》のご遺骨《いこつ》にすがりついて、「先《さき》に逃《に》げてごめん。僕《ぼく》だけ生《い》き残《のこ》ってしまってごめん」と、何度《なんど》も何度《なんど》も謝《あやま》りながら泣《な》きじゃくっていて、一緒《いっしょ》にいた私《わたし》まで、もらい泣《な》きしてしまったことを思《おも》い出《だ》します。その時《とき》、「やっぱり、この人《ひと》たちのご遺骨《いこつ》は、できるだけ日本《にほん》に持《も》ち帰《かえ》らなければならない」という思《おも》いを強《つよ》くしました。

このことは、もしあなたが当時《とうじ》の兵士《へいし》であったと考《かんが》えてみれば、すぐに判《わか》ると思《おも》います。あなたは、愛《あい》する両親《りょうしん》や兄弟《きょうだい》たちと、あるいは妻《つま》や子供《こども》たちと毎日《まいにち》仲良《なかよ》く暮《く》らしていましたが、ある日突然《ひとつぜん》、召集令状《しょうしゅうれいじょう》（軍隊に呼び集める命令書）を受《う》けて戦場《せんじょう》に向《む》かうことになります。しかし、下級《かきゅう》の兵士《へいし》の場合《ばあい》であれば、自分《じぶん》がどこに送《おく》られるのかといったことは、まったく判《わか》りません。

ニューギニアのジャングルを進む日本軍

よく判《わか》らないまま船《ふね》に乗《の》せられ、夏服《なつふく》の軍服《ぐんぷく》を支給《しきゅう》され、何《なん》週間《しゅうかん》もの間《あいだ》、狭《せま》い船底《ふなぞこ》に押《お》し込《こ》められた後《あと》、ある日突然《ひとつぜん》、目《め》の前《まえ》に見《み》える島《しま》に上陸《じょうりく》しろと命《めい》じられます。

自分《じぶん》がいったい、日本《にほん》からどの方角《ほうがく》の、どのくらい離《はな》れた場所《ばしょ》に来《き》たのかさえ判《わか》らないまま、暗《くら》いジャングルの中《なか》に入って行《い》くと、そこでいきなり、どこかから激《はげ》しい銃撃《じゅうげき》を受《う》け、一瞬《いっしゅん》で命《いのち》を落《お》としてしまうのです。

あるいは、姿《すがた》の見《み》えない「敵《てき》」というものに怯《おび》えながら、時《とき》には激《はげ》しく戦《たたか》って傷《きず》つき、また時《とき》にはマラリアや飢餓《きが》に苦《くる》しみ、愛《あい》する家族《かぞく》の写真《しゃしん》を見《み》つめて楽《たの》しかった日々《ひび》のことを思《おも》い出《だ》しながら、ついに暗《くら》いジャングルの中《なか》で、人知《ひとし》れず息絶《いきた》えるのです……。

こんな時《とき》、あなたなら、死《し》の間際《まぎわ》に何《なに》を思《おも》うでしょうか？　最後《さいご》に一目《ひとめ》でいいから、愛《あい》する人《ひと》たちに会《あ》いたいと思《おも》うのではないでしょうか？　そして、せめて骨《ほね》だけでも、故郷《こきょう》に帰《かえ》らせてほしいと思《おも》うのではないでしょうか？

七〇年以上前《ねんいじょうまえ》に亡《な》くなった多《おお》くの日本軍兵士《にほんぐんへいし》は、一〇代後半《だいこうはん》から二〇代《だい》といった若《わか》い人《ひと》たちでした。そして、彼《かれ》らの多《おお》くはこんな思《おも》いを胸《むね》に抱《いだ》き、心《こころ》の中《なか》で泣《な》きながら、死《し》んでいったに違《ちが》いないのです。にもかかわらず、戦後《せんご》生まれの日本人《にほんじん》の多《おお》くは、それらの人々《ひとびと》のことを完全《かんぜん》に忘《わす》れ去《さ》り、金《かね》や名誉《めいよ》や地位《ちい》といったものを追《お》い求《もと》め、自《みずか》らの快楽《かいらく》のためだけに生《い》きてきました。

ＧＨＱの洗脳工作《せんのうこうさく》をそのまま受《う》け入《い》れ、韓国《かんこく》や中国《ちゅうごく》にペコペコと頭《あたま》を下《さ》げ、日本《にほん》という国《くに》を守《まも》るために戦《たたか》った戦没者《せんぼつしゃ》たちのことを忘《わす》れ去《さ》ったのです。これは、最《もっと》も冷淡《れいたん》で残酷《ざんこく》な「裏切《うらぎ》り」です。

つまり、それほど、遺骨収容《いこつしゅうよう》というのは大切《たいせつ》な仕事《しごと》なのです。

なお、私《わたし》は、一般的《いっぱんてき》に使《つか》われている「遺骨収集《いこつしゅうしゅう》」という言葉《ことば》は使《つか》いません。「収集《しゅうしゅう》」というのは、本来《ほんらい》、人間《にんげん》に対《たい》しては使《つか》わない言葉《ことば》だからです。例《たと》えば「ゴミを収集《しゅうしゅう》する」とは言《い》いますが、飛行機事故《ひこうきじこ》の現場《げんば》で、亡《な》くなった方々《かたがた》の遺体《いたい》を「収集《しゅうしゅう》する」とは言《い》いません。あくまで、ご遺体《いたい》は「収容《しゅうよう》」するものです。同《おな》じように私《わたし》は、ご遺骨《いこつ》に関《かん》しても「遺骨収容《いこつしゅうよう》」という言葉《ことば》を使《つか》っています。

こうした、戦没者《せんぼつしゃ》の遺骨収容《いこつしゅうよう》は、何《なに》も日本《にほん》だけの問題《もんだい》ではありません。アメリカ軍《ぐん》は過去《かこ》の戦争《せんそう》において、八万《まん》三〇〇〇名《めい》もの行方不明者《ゆくえふめいしゃ》を出《だ》していますが、そんな自国兵士《じこくへいし》の遺骨《いこつ》を捜索《そうさく》し、収容《しゅうよう》するための専門部隊《せんもんぶたい》としてハワイに四〇〇名《めい》もの専門《せんもん》スタッフが勤務《きんむ》しており、「全員《ぜんいん》が故郷《こきょう》に帰《かえ》るその日《ひ》まで」というモットーのもと、数百億円《すうひゃくおくえん》規模《きぼ》の予算《よさん》を編成《へんせい》して、今《いま》も、世界中《せかいじゅう》で行方不明《ゆくえふめい》となったアメリカ兵《へい》の捜索活動《そうさくかつどう》を行《おこな》っています。

また、オーストラリア国防軍《こくぼうぐん》にも同《おな》じような部隊《ぶたい》があり、かつての戦場《せんじょう》でオーストラリア兵《へい》らしい遺骨《いこつ》が見《み》つかると、学者《がくしゃ》による確認《かくにん》やＤＮＡによる鑑定《かんてい》を行《おこな》い、「最高《さいこう》の国家的《こっかてき》な栄誉《えいよ》」と共《とも》に遺族《いぞく》に返還《へんかん》しています。

そもそも先祖《せんぞ》の霊《れい》や遺骨《いこつ》にこだわるはずの民族《みんぞく》であった日本人《にほんじん》は、ＧＨＱの洗脳《せんのう》のせいで、大東亜戦争《だいとうあせんそう》で亡《な》くなった死者《ししゃ》に対《たい》して非常《ひじょう》に冷《つめ》たい態度《たいど》を取《と》り続《つづ》けてきましたが、こんな諸外国《しょがいこく》の真摯《しんし》な（まじめで、ひたむきな）姿勢《しせい》を、少《すこ》しは見習《みなら》うべきではないでしょうか。

日本《にほん》のために戦《たたか》ってくれた仲間《なかま》たちを忘《わす》れない

もう一《ひと》つ大切《たいせつ》なことは、日本《にほん》のために一緒《いっしょ》に戦《たたか》ってくれた諸外国《しょがいこく》の「仲間《なかま》たち」を忘《わす》れてはならない、ということです。

例《たと》えば、ニューギニアでは、多《おお》くの現地人《げんちじん》が、負傷《ふしょう》し、あるいは病《やまい》に倒《たお》れた日本兵《にほんへい》を助《たす》けて看病《かんびょう》してくれましたし、ある酋長《しゅうちょう》さんは、村人《むらびと》たちに命《めい》じてタロイモを生産《せいさん》し、日本軍《にほんぐん》の兵士《へいし》らに一生懸命《いっしょうけんめい》、食《た》べさせてくれました。そんな原住民《げんじゅうみん》らに命《いのち》を助《たす》けられて日本《にほん》に帰《かえ》ることのできた人《ひと》は何千人《なんぜんにん》もいますし、そのおかげで戦後《せんご》に生《せい》を受《う》けた子《こ》や孫《まご》、ひ孫《まご》たちは、今《いま》の日本《にほん》に何万人《なんまんにん》も暮《く》らしているはずです。しかし残念《ざんねん》ながら、そのような大切《たいせつ》な恩《おん》を覚《おぼ》えている人《ひと》は、ほとんどいません。

一方《いっぽう》、そうやって日本軍《にほんぐん》を助《たす》けた多《おお》くの現地人《げんちじん》は、戦後《せんご》になってやって来《き》た連合軍《れんごうぐん》によって捕《つか》まり、敵《てき》である日本人《にほんじん》を助《たす》けたという理由《りゆう》で拷問《ごうもん》（体をいためつけて、むりやり白状させること）され、刑務所《けいむしょ》に入《い》れられ、まともな裁判《さいばん》を受《う》けることもできずに処刑《しょけい》されていったのです。

また、日本《にほん》に併合《へいごう》された朝鮮半島《ちょうせんはんとう》の出身者《しゅっしんしゃ》でも、立派《りっぱ》な日本軍人《にほんぐんじん》は多《おお》くいました。例《たと》えば、戦後《せんご》フィリピンで戦犯《せんぱん》としてアメリカ軍《ぐん》によって処刑《しょけい》された洪思翊中将《こうしよくちゅうじょう》です。朝鮮《ちょうせん》の貧《まず》しい

洪思翊

家庭《かてい》に生《う》まれた中将《ちゅうじょう》は、必死《ひっし》に努力《どりょく》して陸軍士官学校《りくぐんしかんがっこう》に入《はい》り、その高《たか》い能力《のうりょく》が評価《ひょうか》されて将軍《しょうぐん》にまでなりました。

ちなみに私《わたし》は、欧米諸国《おうべいしょこく》において、統治下《とうちか》にある国《くに》の人間《にんげん》が宗主国《そうしゅこく》の将軍《しょうぐん》にまでなったという例《れい》は、一度《いちど》も聞《き》いたことがありません。

洪将軍《こうしょうぐん》は、多《おお》くの日本人将校《にほんじんしょうこう》や兵《へい》を率《ひき》いる立場《たちば》にありましたが、新《あたら》しい部隊《ぶたい》に着任《ちゃくにん》する際《さい》には必《かなら》ず、「自分《じぶん》は『朝鮮人《ちょうせんじん》』の洪思翊《こうしよく》である。ただいまより天皇陛下《てんのうへいか》の御命令《ごめいれい》により、指揮《しき》をとる。異義《いぎ》のあるものは申《もう》し出《で》よ」と言《い》ったといいます。

また、息子《むすこ》さんが日本《にほん》の悪《わる》ガキに朝鮮人《ちょうせんじん》であることでいじめられた時《とき》には、「どんなときでも必《かなら》ず『私《わたし》は朝鮮人《ちょうせんじん》の洪国善《こうこくぜん》です』と、はっきり言《い》いなさい。決《けっ》して『朝鮮人《ちょうせんじん》の』を略《りゃく》してはいけない」と言《い》い聞《き》かせ、朝鮮人《ちょうせんじん》であることに誇《ほこ》りを持《も》つように教《おし》えたと言《い》います。

こんな立派《りっぱ》な態度《たいど》を持《も》つ洪将軍《こうしょうぐん》は、実際《じっさい》に多《おお》くの日本人《にほんじん》からも尊敬《そんけい》されていたということですが、日本《にほん》で高等教育《こうとうきょういく》を受《う》けていた将軍《しょうぐん》の奥《おく》さんや息子《むすこ》たちは戦後《せんご》、韓国国内《かんこくこくない》で徹底的《てっていてき》に虐《しいた》げられ（いじめられて苦しめられ）、職業《しょくぎょう》まで奪《うば》われてしまったといいます。しかし、そんな彼《かれ》らに救《すく》いの手《て》を差《さ》し伸《の》べたのもまた、日本《にほん》の政財界人《せいざいかいじん》（政治や経済に、たずさわる人たち）でした。

このように、アジア太平洋《たいへいよう》の人々《ひとびと》の多《おお》くが日本《にほん》のために戦《たたか》ってくれたのですが、その中《なか》でも最《もっと》も日本人《にほんじん》を助《たす》けたのは、何《なん》といっても台湾《たいわん》の高砂族《たかさごぞく》でしょう。あの過酷《かこく》な南太平洋《みなみたいへいよう》における戦《たたか》いを語《かた》るうえで、この「高砂族《たかさごぞく》」を外《はず》して語《かた》ることはできません。

忠実《ちゅうじつ》で精強《せいきょう》だった台湾《たいわん》・高砂義勇隊《たかさごぎゆうたい》

高砂族《たかさごぞく》とは、台湾《たいわん》の山岳地域《さんがくちいき》に住《す》み、独自《どくじ》の言語《げんご》と生活習慣《せいかつしゅうかん》を持《も》つ「原住民《げんじゅうみん》」です。

彼《かれ》らは日本統治時代《にほんとうちじだい》の教育《きょういく》をどんどん吸収《きゅうしゅう》した結果《けっか》、自《みずか》らを「日本人《にほんじん》」として認識《にんしき》するようになり、日本《にほん》に対《たい》する信頼《しんらい》や忠誠心《ちゅうせいしん》は、場合《ばあい》によっては日本人以上《にほんじんいじょう》のものがありました。やがて大東亜戦争《だいとうあせんそう》が始《はじ》まると、多《おお》くの若者《わかもの》が日本軍《にほんぐん》に採用《さいよう》され、「高砂義勇隊《たかさごぎゆうたい》」として過酷《かこく》な南方《なんぽう》のジャングル地帯《ちたい》に送《おく》られ、日本軍《にほんぐん》の物資《ぶっし》を輸送《ゆそう》する仕事《しごと》や建設《けんせつ》を担当《たんとう》する仕事《しごと》で活躍《かつやく》、命令《めいれい》に対《たい》して極《きわ》めて忠実《ちゅうじつ》であり、能力《のうりょく》も高《たか》いとして日本軍《にほんぐん》から高《たか》い評価《ひょうか》を受《う》けました。

例《たと》えば、昭和《しょうわ》一八年《ねん》一月《がつ》二九日付《にちづけ》の「第《だい》一八軍《ぐん》 作令綴《さくれいつづり》」という名《な》の電報《でんぽう》には、「高砂義勇隊《たかさごぎゆうたい》は忠誠心《ちゅうせいしん》が厚《あつ》く、粗食《そしょく》（そまつな食事）にも堪《た》え、マラリアにもかからず体力《たいりょく》も気力《きりょく》も極《きわ》めて充実《じゅうじつ》している。ムンダ飛行場《ひこうじょう》などは、高砂義勇隊《たかさごぎゆうたい》が建設《けんせつ》したといってもいいくらいだ。現地人《げんちじん》は人数《にんずう》も少《すく》なく、あまり期待《きたい》ができない。朝鮮半島出身者《ちょうせんはんとうしゅっしんしゃ》の出来《でき》ばえの悪《わる》さは、ご存《ぞん》じの通《とお》りである」というようなことが書《か》いてあり、高砂族《たかさごぞく》の能力《のうりょく》が、どれだけ高《たか》かったかが判《わか》ります。

高砂義勇隊

こうした高砂族《たかさごぞく》の青年《せいねん》たちの、ジャングルにおける能力《のうりょく》は飛《と》び抜《ぬ》けており、夜目《よめ》がきき（暗いところでも視力がよく）、耳《みみ》も鼻《はな》もよいため、連合軍《れんごうぐん》の兵士《へいし》らが接近《せっきん》してくると、その音《おと》や臭《にお》いによって、夜間《やかん》でも敵《てき》の動《うご》きを遠方《えんぽう》から察知《さっち》する（おしはかって知る）ことができましたし、鳥《とり》の鳴《な》き声《ごえ》の微妙《びみょう》な変化《へんか》によってさえ、敵《てき》の接近《せっきん》を感知《かんち》した（感じとった）と言《い》います。それどころか、敵《てき》の陣地《じんち》にも悠々《ゆうゆう》と侵入《しんにゅう》してテントから食料品《しょくりょうひん》を奪《うば》い、または食《た》べるものなど何《なに》もないと思《おも》われていたジャングルの中《なか》で食料《しょくりょう》を探《さが》し出《だ》し、飢《う》えた日本兵《にほんへい》たちに真《ま》っ先《さき》に食《た》べさせるなど、彼《かれ》らの忠実《ちゅうじつ》な精神《せいしん》に感動《かんどう》したという話《はなし》は多《おお》いのです。

実際《じっさい》、昭和《しょうわ》一七年《ねん》に始《はじ》まったポートモレスビー攻略作戦《こうりゃくさくせん》では、前線《ぜんせん》で飢《う》えに苦《くる》しむ日本軍《にほんぐん》の部隊《ぶたい》に向《む》けて食料《しょくりょう》を輸送《ゆそう》していた一人《ひとり》の高砂族《たかさごぞく》の青年《せいねん》が、ジャングルの道《みち》ばたで「餓死《がし》（おなかをすかせて死ぬこと）」していたのが発見《はっけん》されたのですが、彼《かれ》は背中《せなか》に担《かつ》いでいた大量《たいりょう》の食料《しょくりょう》には、一切《いっさい》手《て》をつけていませんでした。これを知《し》った日本兵《にほんへい》たちは、「ここまで命令《めいれい》と任務《にんむ》に忠実《ちゅうじつ》な者《もの》がいるのか！」と感激《かんげき》したといいます。

やがて、戦況《せんきょう》が極度《きょくど》に悪化《あっか》し、運《はこ》ぶべき食料《しょくりょう》もなくなり、そのせいで痩《や》せ細《ほそ》ってボロきれのようになった日本兵《にほんへい》が追《お》い詰《つ》められた時《とき》、見《み》るに見《み》かねた彼《かれ》ら高砂族《たかさごぞく》は、上官《じょうかん》に対《たい》して、初《はじ》めて「靴《くつ》を脱《ぬ》ぐ許可《きょか》」を求《もと》めました、そして、いったん裸足《はだし》となった瞬間《しゅんかん》から、彼《かれ》らは「信頼《しんらい》できる輸送係《ゆそうがかり》」から、信《しん》じられないほど強力《きょうりょく》な「戦闘員《せんとういん》」に変身《へんしん》しました。

「兵隊《へいたい》さん、銃《じゅう》を貸《か》してください」と言《い》って自《みずか》ら武器《ぶき》を手《て》に取《と》った高砂兵《たかさごへい》らは、その後《ご》、連合軍《れんごうぐん》に対《たい》して積極的《せっきょくてき》に激《はげ》しい攻撃《こうげき》をかけ、「負傷兵《ふしょうへい》の看護輸送《かんごゆそう》」「食料《しょくりょう》の調達《ちょうたつ》」だけでなく、「狙撃《そげき》」「奇襲《きしゅう》」「偵察《ていさつ》」「待《ま》ち伏《ぶ》せ」「敵陣地《てきじんち》での破壊活動《はかいかつどう》」に至《いた》るまで、素晴《すば》らしい活躍《かつやく》をしたことは、多《おお》くの日本軍兵士《にほんぐんへいし》が証言《しょうげん》しているところです。

このような高砂族《たかさごぞく》の功績《こうせき》（りっぱなはたらき）と犠牲《ぎせい》を、日本人《にほんじん》は忘《わす》れるべきではありません。彼《かれ》らのおかげで多《おお》くの日本人《にほんじん》の命《いのち》が救《すく》われましたが、もちろんその一方《いっぽう》で、高砂族《たかさごぞく》の兵士《へいし》たちも、徐々《じょじょ》に命《いのち》を落《お》としていきました。そうやって日本《にほん》のために命《いのち》を落《お》とした「仲間《なかま》たち」のご遺骨《いこつ》に関《かん》しても、私《わたし》たち日本人《にほんじん》は、その収容《しゅうよう》に責任《せきにん》を感《かん》じなければならないはずです。

第六章《だいしょう》　物事《ものごと》の本質《ほんしつ》を見抜《みぬ》き、しっかりと主張《しゅちょう》する

歴史的《れきしてき》に見《み》るならば、日本《にほん》ほどアジアを白人支配《はくじんしはい》から離脱《りだつ》させることに貢献《こうけん》した国《くに》はない。しかしまたその解放《かいほう》を助《たす》けたり、あるいは多《おお》くの事柄《ことがら》に対《たい》して範《はん》を示《しめ》してやったりした諸国民《しょこくみん》そのものから、日本《にほん》ほど誤解《ごかい》を受《う》けている国《くに》はない。　――バー・モウ元首相《もとしゅしょう》（ビルマ）

正《ただ》しく主張《しゅちょう》することの大切《たいせつ》さ

一般的《いっぱんてき》に日本人《にほんじん》の多《おお》くは、人前《ひとまえ》に立《た》って堂々《どうどう》と自分《じぶん》の考《かんが》えを述《の》べることを得意《とくい》としません。人前《ひとまえ》に立《た》つだけで赤面《せきめん》してしまい、他人《たにん》の視線《しせん》がやたらと気《き》になり、頭《あたま》の中《なか》が真《ま》っ白《しろ》になってしまうなど、ちょっとしたパニックになってしまった経験《けいけん》がある人《ひと》も多《おお》いかもしれません。も

ちろん、外国人《がいこくじん》にもこういう人《ひと》はいますが、特《とく》に日本人《にほんじん》に多《おお》いのは、「恥《はじ》の文化《ぶんか》」とも形容《けいよう》される日本独特《にほんどくとく》の文化《ぶんか》のせいである、という説《せつ》もあります。

これ以外《いがい》にも、日本人《にほんじん》には、相手《あいて》とのタイミングがピッタリと合《あ》う、という意味《いみ》の「阿吽《あうん》の呼吸《こきゅう》」という言葉《ことば》とか、「黙《だま》っていても相手《あいて》は必《かなら》ず判《わか》ってくれる」といったような感覚《かんかく》があります。このような日本人《にほんじん》の文化《ぶんか》や性格《せいかく》は、日本国内《にほんこくない》においては美徳《びとく》（すぐれたところ）にもなり、人間味《にんげんみ》のある行動《こうどう》というものにも発展《はってん》するのですが、一方《いっぽう》で、海外《かいがい》において日本《にほん》というものを判《わか》ってもらうという点《てん》においては、大《おお》きな障害《しょうがい》となっているのは事実《じじつ》です。

海外《かいがい》のほとんどの国《くに》では、黙《だま》っていても相手《あいて》が理解《りかい》してくれる、ということは、めったにありません。むしろ、相手《あいて》が間違《まちが》ったことを言《い》った際《さい》に黙《だま》っていれば、それはすなわち、こちらが相手《あいて》の言《い》い分を正《ただ》しいと認《みと》めたことにさえなるのです。

日本人《にほんじん》に必要《ひつよう》なことは、もっと自分《じぶん》の信《しん》じるところをしっかりと主張《しゅちょう》するという態度《たいど》でしょう。たとえば、海外《かいがい》で歴史《れきし》の話《はなし》になり、「南京大虐殺《ナンキンだいぎゃくさつ》で三〇万人《まんにん》もの民間人《みんかんじん》を日本軍《にほんぐん》が組織的《そしきてき》に殺《ころ》した！」とか、「韓国人女性《かんこくじんじょせい》を性奴隷《せいどれい》にした！」などと一方的《いっぽうてき》に言《い》われることがあります。

こういった時《とき》、多《おお》くの日本人《にほんじん》は「ここでケンカしても仕方《しかた》ない」とか「いつかは判《わか》ってくれるはずだ」という淡《あわ》い期待《きたい》を持《も》ち、あるいは、「ここで相手《あいて》との関係《かんけい》を崩《くず》したくない」などという気持《きも》ちが優先《ゆうせん》して、結果的《けっかてき》に、黙《だま》ってしまいます。しかし本当《ほんとう》は、こういう時《とき》こそ私《わたし》たちは、できるだけ感情的《かんじょうてき》にならず、理路整然《りろせいぜん》と相手《あいて》の勘違《かんちが》いを指摘《してき》する必要《ひつよう》があるのです。

その時《とき》、私《わたし》たちには「勇気《ゆうき》」が必要《ひつよう》です。特《とく》に、日本語《にほんご》ではなく、英語《えいご》や中国語《ちゅうごくご》、韓国語《かんこくご》、フランス語《ご》などで相手《あいて》と話《はなし》をしなければならない場合《ばあい》は、自分《じぶん》の発音《はつおん》や文法《ぶんぽう》の間違《まちが》いが気《き》になってしまうこともあるでしょう。しかし、そんなものは少《すこ》しくらい間違《まちが》っていてもいいのです。外国語《がいこくご》で一生懸命《いっしょうけんめい》に話《はな》そうとするあなたの間違《まちが》いを鼻《はな》で嗤《わら》うような人《ひと》など、そもそも程度《ていど》の低《ひく》い人物《じんぶつ》なのですから、最初《さいしょ》から相手《あいて》にする必要《ひつよう》もありません。

一方《いっぽう》で、歴史《れきし》に関《かん》してあなたにそのようなことを言《い》う人《ひと》の多《おお》くは、あなたの「考《かんが》え」を聞《き》きたがっているのであって、あなたの発音《はつおん》や文法《ぶんぽう》の間違《まちが》いを探《さが》したいのではありません。ですから、思《おも》いきって堂々《どうどう》と、自分《じぶん》の考《かんが》えを述《の》べるべきなのです。そもそも、植民地主義《しょくみんちしゅぎ》によって他国《たこく》を統治《とうち》し、搾取《さくしゅ》と弾圧《だんあつ》を加《くわ》えることによって莫大《ばくだい》な富《とみ》を得《え》ていたはずの欧米諸国《おうべいしょこく》が、日本《にほん》による朝鮮《ちょうせん》や台湾《たいわん》の統治《とうち》を非難《ひなん》する資格《しかく》など、どこにもありません。

ただ忘《わす》れてはならないのは、感情的《かんじょうてき》になって自分《じぶん》のことばかり声高《こわだか》に主張《しゅちょう》するのではなく、相手《あいて》の文化《ぶんか》や歴史《れきし》、そしてモノの考《かんが》え方《かた》に対《たい》する「敬意《けいい》」を、しっかりと持《も》つことです。

確《たし》かに、アメリカ人《じん》から「原爆《げんばく》のおかげで日本人《にほんじん》はあれ以上死《いじょうし》ななくて済《す》んだのだから、我々《われわれ》に感謝《かんしゃ》すべきだ」と言《い》われたり、韓国人《かんこくじん》から「日本人《にほんじん》は、とにかく謝罪《しゃざい》しろ」などと一方的《いっぽうてき》に言《い》われてしまうと、カチンと来《き》てしまうのは人情《にんじょう》です。

しかし、もし相手《あいて》が無知《むち》であるために、そんなことを言《い》っているのであれば、今度《こんど》はこちらが相手《あいて》を教《おし》え諭《さと》してあげる番《ばん》なのだと考《かんが》えてみてください。つまり、「黙《だま》っていても判《わか》ってくれる」のではなく、「話《はな》せば必《かなら》ず判《わか》ってくれる」と考《かんが》えるべきなのです。

今《いま》も戦争《せんそう》プロパガンダに振《ふ》り回《まわ》される人々《ひとびと》

世界《せかい》は今《いま》でも、毎日《まいにち》どこかで戦《たたか》いが生《しょう》じ、多《おお》くの人々《ひとびと》が犠牲《ぎせい》になっています。時代《じだい》は二一世紀《せいき》になり、戦争《せんそう》の多《おお》くは「対《たい》テロ戦争《せんそう》」という形態《けいたい》をとるようになりました。国際《こくさい》テロ組織《そしき》「アルカイダ」が起《お》こしたという九・一一同時多発《どうじたはつ》テロに始《はじ》まった一連《いちれん》のテロとの戦《たたか》いは、アフガニスタン、イラク戦争《せんそう》に続《つづ》き、現在《げんざい》は、中東《ちゅうとう》で暴《あば》れまわり、日本人《にほんじん》を含《ふく》む多《おお》くの人々《ひとびと》を殺害《さつがい》した「イスラム国《こく》（ＩＳＩＬ）」という組織《そしき》との間《あいだ》で行《おこな》われています。

今日《こんにち》、テロを起《お》こしている人々《ひとびと》の多《おお》くは、「イスラム過激派《かげきは》」だと言《い》われています。そして、「対《たい》テロ戦争《せんそう》」と呼《よ》ばれるものは、そうした勢力《せいりょく》に対《たい》して欧米《おうべい》のキリスト教徒《きょうと》が中心《ちゅうしん》となって戦《たたか》っている「宗教戦争《しゅうきょうせんそう》」のようにも見《み》えます。しかし、問題《もんだい》の本質《ほんしつ》はそのような単純《たんじゅん》なものではありません。

実《じつ》は、九・一一同時多発《どうじたはつ》テロを起《お》こしたというオサマ・ビン・ラディンの親族《しんぞく》は、アメリカのブッシュ大統領《だいとうりょう》の一族《いちぞく》と非常《ひじょう》に仲《なか》が良《よ》く、一緒《いっしょ》に仲良《なかよ》くビジネスをする関係《かんけい》であったことも、最近《さいきん》ではようやく知《し》られるようになりました。

そして今日《こんにち》、イスラム国《こく》（ＩＳＩＬ）と呼《よ》ばれる凶悪《きょうあく》な集団《しゅうだん》が、中東《ちゅうとう》から北《きた》アフリカの地域《ちいき》で暴《あば》れています。二人《ふたり》の日本人《にほんじん》がこの組織《そしき》によって斬首《ざんしゅ》（首を切り落として殺すこと）されたのは、まだ記憶《きおく》に新《あたら》しいでしょう。実《じつ》は、そんな凶悪《きょうあく》な集団《しゅうだん》に対《たい》し、一部《いちぶ》の欧米諸国《おうべいしょこく》などが密《ひそ》かに支援《しえん》しているのではないかという、驚《おどろ》くべき声《こえ》も上《あ》がっています。また、日本人《にほんじん》のエンジニアリング会社《がいしゃ》の駐在員《ちゅうざいいん》が一〇人《にん》も殺害《さつがい》されたアルジェリア（北アフリカにある、天然資源の豊かな国）でのテロ事件《じけん》では、攻撃《こうげき》をしたテロ集団《しゅうだん》の指揮官《しきかん》らが、カナダ出身《しゅっしん》の白人《はくじん》であったことが判《わか》っています。

もちろん、こんなことをアメリカなど欧米《おうべい》の主要《しゅよう》なマスコミが報《ほう》じることは、まずありません。したがって、アメリカ発《はっ》の情報《じょうほう》を翻訳《ほんやく》するだけの日本《にほん》のマスコミ報道《ほうどう》を見《み》ていても、中東《ちゅうとう》で起《お》こっている状況《じょうきょう》を理解《りかい》できるはずがないのです。ですから、もし本当《ほんとう》に海外《かいがい》で起《お》こっていることを知《し》りたければ、海外《かいがい》の新聞《しんぶん》やニュースをしっかりと見《み》ておくことが必要《ひつよう》になります。

そもそも、大手《おおて》のマスコミがそう言《い》ったから、あるいは他《ほか》の人《ひと》がそう言《い》うからというだけで、誰《だれ》かを一方的《いっぽうてき》に悪《わる》い奴《やつ》と決《き》めつけて、それを疑《うたが》わないという姿勢《しせい》は、よくありません。

「イスラム過激派《かげきは》」という言葉《ことば》ひとつにしてもそうです。今《いま》の日本人《にほんじん》の多《おお》くは、「イスラム教徒《きょうと》」と聞《き》くだけで、残忍《ざんにん》で危険《きけん》なイメージをどこかに持《も》つ人《ひと》もいるでしょうし、実際《じっさい》にイスラム教徒《きょうと》が爆弾《ばくだん》テロをしているニュースに接《せっ》すると、「ああ、やっぱり危険《きけん》だな」と思《おも》ってしまうでしょう。

しかし、前述《ぜんじゅつ》のように、その背景《はいけい》にある〝闇《やみ》〟は、もっと深《ふか》く、複雑《ふくざつ》なものです。

こうした「イスラム教徒《きょうと》＝危険《きけん》」という発想《はっそう》そのものが、現代《げんだい》における「戦争《せんそう》プロパガンダ」

なのです。私《わたし》たち日本人《にほんじん》は、過去《かこ》から現在《げんざい》にかけて欧米諸国《おうべいしょこく》の行《おこな》った、「日本《にほん》＝悪者《わるもの》」といった戦争《せんそう》プロパガンダによって散々《さんざん》いじめられた結果《けっか》、国家《こっか》の誇《ほこ》りや、個人《こじん》の尊厳《そんげん》までを犠牲《ぎせい》にしてきました。そんな私《わたし》たちだからこそ、もういいかげんに、そうした他国《たこく》のプロパガンダに振《ふ》り回《まわ》されることをやめ、物事《ものごと》の本質《ほんしつ》をきっちりと見《み》すえる力《ちから》を養《やしな》わなければならないのです。

巧妙《こうみょう》に置《お》かれた日本《にほん》とアジアを分断《ぶんだん》するための布石《ふせき》

今《いま》の日本《にほん》は、一見《いっけん》して平和《へいわ》に見《み》えます。しかし、戦後《せんご》の日本《にほん》には、多《おお》くの紛争《ふんそう》の種《たね》が、巧《たく》みに仕掛《しか》けられてきました。それらは「南京大虐殺《ナンキンだいぎゃくさつ》」「慰安婦《いあんふ》の強制連行《きょうせいれんこう》」といった歴史問題《れきしもんだい》だけではなく、北方領土《ほっぽうりょうど》や竹島《たけしま》、尖閣諸島《せんかくしょとう》などの領土問題《りょうどもんだい》なども含《ふく》まれます。そして、これらの領土問題《りょうどもんだい》の裏《うら》では常《つね》に、アメリカが直接的《ちょくせつてき》、あるいは間接的《かんせつてき》に関与《かんよ》してきたのは歴史的《れきしてき》な事実《じじつ》なのです。

例《たと》えば、北方領土問題《ほっぽうりょうどもんだい》が生《しょう》じる原因《げんいん》となったのは、アメリカのルーズベルト大統領《だいとうりょう》とイギリスのチャーチル首相《しゅしょう》、そしてソ連《れん》のスターリンが協議《きょうぎ》した「ヤルタ会談《かいだん》」でした。

ソ連《れん》は、アメリカとの話《はな》し合《あ》いに基《もと》づいて、昭和《しょうわ》二〇年《ねん》八月九日《がつここのか》に突如日本《とつじょにほん》に対《たい》して宣戦《せんせん》布告《ふこく》、「日《にっ》ソ不可侵条約《ふかしんじょうやく》」を破《やぶ》って満州《まんしゅう》などに侵入《しんにゅう》し、多《おお》くの日本人《にほんじん》を殺害《さつがい》すると共《とも》に、北方《ほっぽう》四島《よんとう》を奪《うば》っていったのです。

ヤルタ会談（左からチャーチル、ルーズベルト、スターリン）

また、昭和《しょうわ》二七年《ねん》一月《がつ》一八日《にち》に突然引《とつぜんひ》かれた李承晩《りしょうばん》ラインによって生《しょう》じた竹島問題《たけしまもんだい》でも、その背後《はいご》にアメリカの影《かげ》がちらついていますし、今日《こんにち》、中国《ちゅうごく》の船《ふね》に囲《かこ》まれ、高《たか》い緊張状態《きんちょうじょうたい》が続《つづ》くようになった尖閣諸島《せんかくしょとう》についても、アメリカは常《つね》に、領土《りょうど》の主権問題《しゅけんもんだい》をあいまいなままにしてきました。

例《たと》えばオバマ大統領《だいとうりょう》も、二〇一三年《ねん》六月《がつ》には尖閣諸島《せんかくしょとう》の領有権《りょうゆうけん》に関《かん》して「どちらの側《がわ》にも立《た》たない」と発言《はつげん》、二〇一五年《ねん》六月《がつ》に日本政府《にほんせいふ》が中国《ちゅうごく》による新《あら》たな東《ひがし》シナ海《かい》ガス田開発《でんかいはつ》の証拠写真《しょうこしゃしん》を公表《こうひょう》した際《さい》にも、アメリカ政府《せいふ》は「特定《とくてい》の立場《たちば》は取《と》らない」と述《の》べています。

かつて世界中《せかいじゅう》の国々《くにぐに》を植民地化《しょくみんちか》してきた欧米諸国《おうべいしょこく》は、異民族《いみんぞく》、異文化《いぶんか》を支配《しはい》する方法《ほうほう》をよく研究《けんきゅう》し、その長《なが》い経験《けいけん》の中《なか》で、完璧《かんぺき》ともいえる手法《しゅほう》を確立《かくりつ》しました。それが「分断統治《ぶんだんとうち》（ディバイド・アンド・ルール）」という手法《しゅほう》であり、これは今日《こんにち》でも充分《じゅうぶん》に通用《つうよう》する戦略《せんりゃく》なのです。

日本《にほん》と近隣《きんりん》アジア諸国《しょこく》を決《けっ》して仲良《なかよ》くさせないというのは、アメリカの国益《こくえき》（国の利益）に充分《じゅうぶん》かなうものであり、そういう視点《してん》で見《み》れば、日本《にほん》は今《いま》でも、歴史問題《れきしもんだい》や領土問題《りょうどもんだい》を通《つう》じて、アメリカによる「分断統治支配《ぶんだんとうちしはい》」を受《う》けているということが判《わか》るのです。

そう考《かんが》えると、七〇年前《ねんまえ》の大東亜戦争《だいとうあせんそう》は、決《けっ》して遠《とお》い過去《かこ》の歴史《れきし》ではなく、今《いま》この瞬間《しゅんかん》も、私《わたし》たちの心《こころ》や誇《ほこ》り、そして生活《せいかつ》そのものに影響《えいきょう》している、大変《たいへん》に大《おお》きな問題《もんだい》であると言《い》えます。

つまり、あの大東亜戦争《だいとうあせんそう》とは、実《じつ》はまだ終《お》わったわけではなく、今日《こんにち》もなお、私《わたし》たちの心《こころ》の中《なか》で続《つづ》いているのかもしれません。

そのことに気《き》づくことができれば、今度《こんど》は銃弾《じゅうだん》や爆弾《ばくだん》といった「兵器《へいき》」ではなく、物事《ものごと》を見通《みとお》す力強《ちからづよ》い眼力《がんりき》と深《ふか》い理解《りかい》、そして誇《ほこ》りある精神《せいしん》を武器《ぶき》として、私《わたし》たち日本人《にほんじん》の心《こころ》は、今度《こんど》こそ、先人《せんじん》たちが作《つく》り上《あ》げた誇《ほこ》り高《たか》い伝統《でんとう》と栄光《えいこう》を取《と》り戻《もど》せるに違《ちが》いありません。

おわりに

終戦後《しゅうせんご》の一九四六年《ねん》、インド独立《どくりつ》のためにインド国民軍《こくみんぐん》と一緒《いっしょ》に戦《たたか》った日本陸軍《にほんりくぐん》「F機関《きかん》」の藤原岩市元少佐《ふじわらいわいちもとしょうさ》が、インドの首都《しゅと》デリーの軍事裁判《ぐんじさいばん》に、参考人《さんこうにん》として呼《よ》ばれました。その時《とき》のインド側《がわ》の代表《だいひょう》であるグラバイ・デサイ博士《はくし》は、藤原氏《ふじわらし》に対《たい》して以下《いか》のような言葉《ことば》を述《の》べています。

「このたびの日本《にほん》の敗戦《はいせん》は、まことに痛《いた》ましく、心《こころ》から同情《どうじょう》いたします。しかし、一度《いちど》負《ま》けたからといって、失望《しつぼう》する必要《ひつよう》はありません。特《とく》に、優秀《ゆうしゅう》な日本《にほん》の国民《こくみん》たちにとっては。

私《わたし》は、日本《にほん》が極《きわ》めて近《ちか》い将来《しょうらい》に、必《かなら》ず、アジアの大国《たいこく》として再《ふたた》び復興《ふっこう》し、繁栄《はんえい》することを信《しん》じて疑《うたが》いません。

インドは程《ほど》なく独立《どくりつ》します。その独立《どくりつ》のきっかけを与《あた》えたのは日本《にほん》です。インドの独立《どくりつ》は、日本《にほん》のおかげで三〇年早《ねんはや》まりました。これはインドだけではなく、インドネシア、ベトナムを始《はじ》めとする東南《とうなん》アジア諸民族《しょみんぞく》すべてに共通《きょうつう》しています。インド四億《おく》の国民《こくみん》は、深《ふか》くこれを心《こころ》に刻《きざ》んでいます。インド国民《こくみん》は、日本《にほん》の国民《こくみん》の復興《ふっこう》にあらゆる協力《きょうりょく》を惜《お》しまないでしょう。他《た》のアジア諸民族《しょみんぞく》も同様《どうよう》と信《しん》じています」

なんとありがたく、温《ぬく》もりのある言葉《ことば》でしょうか。当時《とうじ》、アジアの多《おお》くの人《ひと》が、似《に》たような感情《かんじょう》を日本国民《にほんこくみん》に寄《よ》せてくれていたということは、この本《ほん》の中《なか》でも、たくさん紹介《しょうかい》してきました。マレーシアのマハティール元首相《もとしゅしょう》は「ルック・イースト（東《ひがし》にある日本《にほん》を見習《みなら》おう）」という政策《せいさく》を、パプアニューギニアのマイケル・ソマレ首相《しゅしょう》らは「ルック・ノース（北《きた》にある日本《にほん》を見習《みなら》おう）」という政策《せいさく》を推進《すいしん》しましたが、それらの視線《しせん》の先《さき》には、有色人種《ゆうしょくじんしゅ》を解放《かいほう》するために戦《たたか》い、国土《こくど》の大半《たいはん》を焦土《しょうど》とされたにも関《かか》わらず、再《ふたた》び不死鳥《ふしちょう》のように復活《ふっかつ》した、「アジアのリーダー・ニッポン」の姿《すがた》がありました。

しかし今日《こんにち》の日本《にほん》は、歴史《れきし》の真実《しんじつ》を知《し》る多《おお》くのアジアの知識層《ちしきそう》からは、さぞ失望《しつぼう》されているに違《ちが》いありません。なぜなら、戦後《せんご》生《う》まれの私《わたし》たち日本人《にほんじん》自身《じしん》がGHQの洗脳工作《せんのうこうさく》に呑《の》まれてしまい、あの大東亜戦争《だいとうあせんそう》を単《たん》なる「悪行《あくぎょう》」と捉《とら》え、その意義《いぎ》を知《し》ろうとすることをずっと避《さ》け、金儲《かねもう》けのために諸外国《しょがいこく》にペコペコと頭《あたま》を下《さ》げ、あるいは歴史的《れきしてき》な無知《むち》を「恥《はじ》」とさえ思《おも》わなくなったからです。

一九九五年《ねん》に出《だ》された、当時《とうじ》の村山首相《むらやましゅしょう》による、いわゆる「村山談話《むらやまだんわ》」では、日本《にほん》が「植民地《しょくみんち》支配《しはい》と侵略《しんりゃく》によって、多《おお》くの国々《くにぐに》、とりわけアジア諸国《しょこく》の人々《ひとびと》に対《たい》して多大《ただい》なる損害《そんがい》と苦痛《くつう》を与《あた》えた」ということが語《かた》られ、「痛切《つうせつ》な反省《はんせい》の意《い》」と「心《こころ》からのお詫《わ》びの気持《きも》ち」が表明《ひょうめい》されました。この談話《だんわ》は、確《たし》かにアメリカを始《はじ》めとする欧米諸国《おうべいしょこく》や、中国《ちゅうごく》、韓国《かんこく》などを喜《よろこ》ばせ、また、戦後《せんご》のＧＨＱによる洗脳《せんのう》を丸《まる》ごと受《う》け入《い》れた一部《いちぶ》の日本人《にほんじん》を満足《まんぞく》させました。

しかし、インドネシアのある陸軍中将《りくぐんちゅうじょう》は、こんな村山談話《むらやまだんわ》を聞《き》いて、「村山《むらやま》さんは、欧米《おうべい》の植民地主義《しょくみんちしゅぎ》を攻撃《こうげき》すべきであった。日本《にほん》がたった一度《いちど》の敗戦《はいせん》で大切《たいせつ》な目的《もくてき》を忘《わす》れてしまったのは残念《ざんねん》だ」と述《の》べましたし、マレーシアのガザリー・シャフェー元外相《もとがいしょう》は、「私《わたし》は威張《いば》る人《ひと》も、ペコペコする人《ひと》も嫌《きら》いです。日本《にほん》はもっと大《おお》きくアジアに目《め》を開《ひら》いてください」と言《い》い、「日本《にほん》はかつてアジアに対《たい》して責任《せきにん》を感《かん》じ、そのために、戦争《せんそう》であれだけの犠牲《ぎせい》を払《はら》ったのです。この尊《とうと》い戦争《せんそう》の遺産《いさん》を否定《ひてい》することは、車《くるま》のバックミラーばかり見《み》ているようなものです。自動車《じどうしゃ》は、前《まえ》を見《み》て運転《うんてん》しなければ、進路《しんろ》を間違《まちが》えますよ」という忠告《ちゅうこく》をしてくださっています。

かつての日本《にほん》には、「真《しん》のリーダー」と呼《よ》ばれる人《ひと》たちがいました。いざという時《とき》には自分《じぶん》の身《み》を犠牲《ぎせい》にしてでも他《た》を助《たす》けようとする覚悟《かくご》（心がまえ）を持《も》った人《ひと》たちです。しかし今《いま》、周《まわ》りを見回《みまわ》してみても、なかなかそれだけの人物《じんぶつ》を見《み》つけることは難《むずか》しくなっています。

では、今《いま》の日本《にほん》には、もう「真《しん》のリーダー」はいないのでしょうか。いや、私《わたし》は、まだまだいると思《おも》っています。しかも、皆《みな》さんのすぐそばにいるのです。「まさか、そんな人《ひと》いないよ」と思《おも》うかもしれません。しかし、確《たし》かにリーダーはいます。それはなにも、できもしないことを大声《おおごえ》で約束《やくそく》したり、天下国家《てんかこっか》のことを、さも良《よ》く知《し》っているかのように語《かた》ったりする人《ひと》のことではありません。私《わたし》が言《い》う「近《ちか》くにいるリーダー」とは、「あなた自身《じしん》」のことなのです。

もしあなたが、今日《きょう》この本《ほん》を読《よ》んだ今《いま》から、「ちっぽけな自分《じぶん》かもしれないが、それでも日本《にほん》という国《くに》のため、社会《しゃかい》のため、そして世界《せかい》の人々《ひとびと》の幸福《こうふく》のために、自分《じぶん》にできることを、これから少《すこ》しずつやっていこう」と決意《けつい》し、実行《じっこう》し始《はじ》めたなら、その瞬間《しゅんかん》、あなた自身《じしん》が「真《しん》のリーダー」となるでしょう。

この本《ほん》を手《て》に取《と》ったあなたは、普段《ふだん》は真面目《まじめ》に学《まな》び、あるいは働《はたら》き、時《とき》に力《ちから》を抜《ぬ》いて大《おお》いに遊《あそ》び、社会《しゃかい》のことを知《し》ろうとして書物《しょもつ》を読《よ》み、よく考《かんが》え、正《ただ》しい批判精神《ひはんせいしん》を持《も》ち、かつ異文化《いぶんか》や他者《たしゃ》のことを理解《りかい》しようと努力《どりょく》する人《ひと》であるはずです。

あなたには、欧米《おうべい》による植民地主義《しょくみんちしゅぎ》と真正面《ましょうめん》から戦《たたか》い、結果的《けっかてき》にアジアやアフリカ諸国《しょこく》に独立《どくりつ》をもたらした、偉大《いだい》な先祖《せんぞ》の血《ち》が流《なが》れています。人種《じんしゅ》による差別《さべつ》を憎《にく》み、アジア解放《かいほう》のために戦《たたか》おうとした、偉大《いだい》な先祖《せんぞ》のＤＮＡ（遺伝子《いでんし》）です。

自《みずか》らは戦《いくさ》に負《ま》けはしたものの、ついにその理想《りそう》を実現《じつげん》させた父《ちち》や祖父《そふ》、曾祖父《そうそふ》たちのそんな生《い》き様《ざま》を、今《いま》こそ思《おも》い出《だ》してください。そうすれば、どこかの国《くに》を特別《とくべつ》に敵視《てきし》し、排他的《はいたてき》な（特定のものごとを排除するような）言葉《ことば》を吐《は》く必要《ひつよう》もなく、ただひたすら満《み》ち足《た》りた誇《ほこ》りを胸《むね》に抱《いだ》き、堂々《どうどう》とした行動《こうどう》ができるはずです。

日本《にほん》という国《くに》や社会《しゃかい》のために、老人《ろうじん》や障害者《しょうがいしゃ》、幼《おさな》い子供《こども》たちのことを思《おも》い、他国《たこく》で起《お》きている戦争《せんそう》や事件《じけん》に心《こころ》を痛《いた》めてください。

そして、それらを少《すこ》しでも改善《かいぜん》し、また、そんな害《がい》がこの国《くに》にやって来《こ》ないように考《かんが》え、

災害《さいがい》の時《とき》には助《たす》け合《あ》い、いざという時《とき》、皆《みな》が苦《くる》しんでいる時《とき》にこそ、他《た》の人《ひと》たちを守《まも》るために
この自分《じぶん》が自《みずか》らの危険《きけん》を顧《かえり》みずに立《た》ち上《あ》がるのだという考《かんが》えを持《も》てば、あなたはその瞬間《しゅんかん》から、
偉大《いだい》な人物《じんぶつ》となることでしょう。

その姿《すがた》こそが、この世《よ》で最《もっと》も尊《とうと》く、美《うつく》しく、かつ強《つよ》いリーダーの姿《すがた》であり、また私《わたし》たちの多《おお》くが忘《わす》れてしまった、本当《ほんとう》の日本人《にほんじん》の姿《すがた》であると、私《わたし》は信《しん》じています。

◇著者◇

丸谷 元人（まるたに・はじめ）

1974年生まれ。オーストラリア国立大学卒業。同大学院修士課程中退。オーストラリア国立戦争記念館の通訳翻訳者を皮切りに、長年、通訳翻訳業務に従事。現在は、講演や執筆活動、テレビ出演などもこなす国際派ジャーナリスト、さらには、西アフリカの石油関連施設で日本企業と駐在員を警護するセキュリティ・マネージャーとして勤務した経験から、海外セキュリティ・コンサルタントとしても活動しつつ、「日本戦略研究フォーラム」政策提言委員として、テロ対策や安全保障に関する複数の論文を発表している。これまで、パプアニューギニアを始めとする海外での事業展開のほか、コーディネーターとして海外大手テレビ局の番組制作や書籍の出版などにも参加し、2008年に制作した戦争ドキュメンタリー番組『Beyond Kokoda』は、地元オーストラリアで数々の賞を受賞した。著書に、『ココダ・遙かなる戦いの道』『日本の南洋戦略』『日本軍は本当に「残虐」だったのか』（ハート出版）、『なぜ「イスラム国」は日本人を殺したのか』（ＰＨＰ研究所）がある。

カバー写真：© David Doubilet

学校《がっこう》が教《おし》えてくれない戦争《せんそう》の真実《しんじつ》

平成27年12月17日　第1刷発行
令和7年6月30日　第6刷発行

著　者　丸谷元人
装　幀　フロッグキングスタジオ
発行者　日高裕明
発　行　株式会社ハート出版

〒171-0014 東京都豊島区池袋3-9-23
TEL03-3590-6077 FAX03-3590-6078
ハート出版ホームページ　https://www.810.co.jp

ISBN978-4-8024-0008-4

印刷・製本 中央精版印刷株式会社

［復刻版］**初等科国史**

ＧＨＱが廃止した我が国最後の国史教科書

三浦 小太郎 解説　矢作 直樹 推薦

ISBN978-4-8024-0084-8　本体 1800 円

［復刻版］**初等科修身**［中・高学年版］

ＧＨＱが葬った《禁断》の教科書

矢作 直樹 解説・推薦

ISBN978-4-8024-0094-7　本体 1800 円

［復刻版］**国民礼法**

ＧＨＱに封印された日本人の真の礼儀作法

竹内 久美子 解説

ISBN978-4-8024-0143-2　本体 1400 円

［復刻版］**初等科理科**

科学立国日本の土台を築いた革命的教科書

佐波 優子 解説

ISBN978-4-8024-0184-5　本体 2300 円

［復刻版］**高等科国史**

世に出ることのなかった“幻の教科書”

三浦 小太郎 解説

ISBN978-4-8024-0111-1　本体 1800 円

［復刻版］**高等科修身**［男子用］

今の日本だからこそ必要な徳目が身につく

高須 克弥 解説

ISBN978-4-8024-0152-4　本体 1500 円

［復刻版］**中等修身**［女子用］

神代から連綿と継がれる女子教育の集大成

橋本 琴絵 解説

ISBN978-4-8024-0165-4　本体 1800 円

［復刻版］**女子礼法要項**

日本の女子礼法教育の集大成

竹内 久美子 解説

ISBN978-4-8024-0173-9　本体 1400 円

［復刻版］**中等歴史**［東亜及び世界篇］

戦前戦中の日本から見た、目からウロコの「世界史」

三浦 小太郎 解説

ISBN978-4-8024-0133-3　本体 1700 円

［復刻版］**歴史 皇国篇**

皇国史観に基づく国史教育の集大成

宇山 卓栄 解説

ISBN978-4-8024-0238-5　本体 1500 円

［復刻版］**初等科地理**

ご先祖が学んだ我が国と大東亜の“地政学”

宮崎 正弘 解説　矢作 直樹 推薦

ISBN978-4-8024-0123-4　本体 1700 円

［復刻版］**初等科国語**［中学年版］

日本語の美しい響きと力強さ、道徳心を学べる

葛城 奈海 解説　矢作 直樹 推薦

ISBN978-4-8024-0103-6　本体 2000 円

［復刻版］**初等科国語**［高学年版］

道徳的価値観に基づく愛の心に満ちた教科書

小名木 善行 解説　矢作 直樹 推薦

ISBN978-4-8024-0102-9　本体 2500 円

［復刻版］**よみかた**上・下［初等科国語・低学年版］

小学校低学年からこんな国語を学んでいた！

佐波 優子 解説　矢作 直樹 推薦

ISBN978-4-8024-0100-5 箱入り 本体 4500 円

［復刻版］**ヨイコドモ**［初等科修身・低学年版］

小学校低学年からこんな道徳を学んでいた！

矢作 直樹 推薦

ISBN978-4-8024-0095-4　本体 1600 円

［復刻版］**こどものしつけ**［国民礼法・低学年版］

小学校低学年からこんな礼法を学んでいた！

近藤 倫子 解説　矢作 直樹 推薦

ISBN978-4-8024-0237-8　本体 1600 円